MW01715563

Cuisine chinoise
au goût du cœur

Stephen Wong

FONDATION
DES MALADIES
DU CŒUR
DU CANADA

Données de catalogage avant publication (Canada)
Wong, Stephen, 1995-

Cuisine chinoise au goût du cœur

Comprend un index.
Traduction de : *Heart Smart Chinese Cooking.*
Publ. en collab. avec : Fondation des maladies du cœur du Canada.

ISBN 2-89249-681-0

1. Cuisine chinoise. 2. Régimes hypolipidiques - Recettes. 3. Régimes déchlorurés - Recettes. 4. Cœur - Maladies - Diétothérapie - Recettes.
I. Fondation des maladies du cœur du Canada. II. Titre

TX724.5.C5W6714 1996 641.5'638 C96-941248-7

Cœur atout est une marque déposée de la Fondation des maladies du cœur du Canada.

L'ouvrage a paru en langue anglaise sous le titre : *Heart Smart Chinese Cooking* © 1996, Stephen Wong et la Fondation des maladies du cœur du Canada. Publié par Douglas & McIntyre.

Conception graphique : *Design Geist*
Photographe : *John Sherlock*
Assistant photographe : *Mark Gilbert*
Illustrations : *Rose Cowles*
Mise en pages : *Ateliers de typographie Collette inc.*
Traduction : *Marie-Josée et Louise Chrétien*

Tous droits réservés. Sauf pour de courtes citations dans une critique de journal ou de magazine, il est interdit, sans la permission écrite des détenteurs du copyright, de reproduire ou d'utiliser cet ouvrage, sous quelque forme que ce soit, par des moyens mécaniques, électroniques ou autres, connus présentement ou qui seraient inventés, y compris la xérographie, la photocopie ou l'enregistrement, de même que les systèmes informatiques.

ISBN: 2-89249-681-0

Dépôt légal 1996
Bibliothèque nationale du Québec

Imprimé au Canada

Éditions du Trécarré
Saint-Laurent (Québec) Canada

Sommaire

Remerciements

Ce livre de recettes est le fruit d'un travail d'équipe. Pour leur dévouement, le partage de leur compétence, leur perspicacité et leur sens de l'humour, nous tenons à remercier : Fondation des maladies du cœur du Canada : Bill Tholl, directeur général; Doug MacQuarrie, directeur de la promotion de la santé.

Richard Rees, directeur général; Fiona Ahrens, directrice du marketing et des communications; Ursula Fradera, M.Sc., diététiste; Leanne Johnson, B.A.; Brenda Hewer; George Ng, D.D.S.; Boon Wong, M.D. de la Fondation des maladies du cœur de la Colombie-Britannique et du Yukon.

Rick Gallop, directeur général; Carol Dombrow, B.Sc., diététiste de la Fondation des maladies du cœur de l'Ontario; Ernest Ng, C.A. du Conseil national des Canadiens-Chinois.

Sincères remerciements
à James Kennedy, DMATP, et à son équipe d'étudiants en art culinaire; au conseil d'administration de la Fondation de Colombie-Britannique et du Yukon pour avoir soutenu l'élaboration de cet ouvrage; à Scott McIntyre et à son équipe pour leur travail enthousiaste à la commercialisation et à Stephen Wong, visionnaire et chef cuisinier hors pair.

Fondation des maladies du cœur du Canada

Je tiens à remercier Nancy Ling pour ses conseils judicieux en matière de nutrition et pour sa rigueur au cours des expérimentations. Je dois aussi beaucoup aux vastes connaissances et aux remarquables méthodes culinaires de James Kennedy, qui m'a révélé des secrets et des recettes. Je dois mon texte à la meilleure éditrice qui soit, Elizabeth Wilson. Je remercie Ursula Fradera pour son appui et sa confiance; Fiona Ahrens pour ses idées géniales et combien judicieuses.

Je tiens par-dessus tout à remercier ma famille pour son amour, sa foi en moi et ses encouragements. Je tiens aussi à remercier toutes les personnes de l'industrie locale de l'alimentation qui m'ont aidé à me réaliser.

Stephen Wong

James Kennedy a supervisé les expérimentations et a contribué à l'élaboration des recettes. Pionnier de la cuisine au goût du cœur, il met au point des recettes à faible teneur en matières grasses et en sodium depuis quinze ans. Il jouit d'une excellente réputation dans les domaines de la formation et de l'élaboration de programmes en art culinaire en Colombie-Britannique.

Nancy Ling, diététiste, a vérifié et analysé toutes les recettes. Elle a aussi rédigé l'introduction, *Une alimentation saine à la chinoise*. Madame Ling accomplit un travail d'éducation et de counselling en nutrition auprès de convalescents et de personnes atteintes de maladies cardiaques.

Préface

Depuis plus de 40 ans, la Fondation des maladies du cœur du Canada soutient la recherche sur les maladies cardiovasculaires, de même que la prévention des cardiopathies et des accidents vasculaires cérébraux chez les Canadiens.

Les résultats des recherches et la réduction de près de 50 % du taux de décès dus aux maladies cardiovasculaires démontrent à quel point les changements dans le mode de vie peuvent influencer la santé.

La Fondation des maladies du cœur du Canada a participé à la publication de plusieurs ouvrages. Voici trois titres vedettes :

- *Bonne table et bon cœur*
- *Recettes de tous les jours*
- *Cœur atout, simple comme tout*

Ces ouvrages visent à rendre la cuisine quotidienne agréable, créative et savoureuse tout en assurant des plats sains. Ce n'est pas sans fierté que nous présentons la *Cuisine chinoise au goût du cœur*, un délicieux voyage à travers les saveurs exotiques et envoûtantes de la Chine.

Les recettes de notre chef, Stephen Wong, montrent qu'il est possible de cuisiner santé sans sacrifier la saveur.

Nancy Ling, diététiste, expose les grands principes d'une saine alimentation à la chinoise. Les textes en encadré suggèrent des techniques et de précieux petits trucs, tandis que les textes au-dessus des recettes révèlent certains détails du folklore chinois.

Je ne doute pas que la *Cuisine chinoise au goût du cœur* vous apprendra des choses et se méritera votre intérêt. Puissiez-vous faire de la cuisine santé une véritable aventure de chaque jour.

Gary Sutherland

Gary Sutherland
président
Fondation des maladies du cœur du Canada

Le sceau chinois servant d'élément décoratif dans cet ouvrage est la transcription stylisée de « longue vie » en caractère chinois. C'est ce que nous souhaitons à tous.

Introduction

Bienvenue dans ma cuisine.

En débarquant au Canada au début des années soixante-dix, j'ai été heureux de découvrir que la cuisine chinoise faisait partie de la vie canadienne au même titre que le hockey. Ma carrière de chef a débuté dans un bistro français où je n'ai pas tardé à explorer des combinaisons de méthodes occidentales et orientales. Ce qui allait devenir la cuisine de la Ceinture du Pacifique me passionnait déjà il y a vingt ans.

Vous trouverez dans cet ouvrage des recettes presque millénaires qui me rappellent mon enfance à Hong Kong et d'autres qui relient plusieurs influences ethniques de mon entourage vancouvérois.

Ensemble, grâce à des techniques simples et familières, nous élaborerons de nouveaux plats savoureux, colorés et surtout sains. Nous découvrirons également comment préparer des plats classiques en substituant à l'huile des bouillons savoureux et en remplaçant les surplus de sel par certains assaisonnements ou condiments.

Nous vous encouragerons à la variété en vous invitant à explorer tout un monde d'aliments dans les marchés asiatiques et dans certains rayons de votre supermarché. Découvrez le gai lon et les chayotes, le see qua et les doliques asperges, les champignons oreille-de-Judas et les racines de lotus; ajoutez du piquant à votre bœuf en le rehaussant de sauce satay; sucrez votre poulet avec des mangues fraîches et découvrez les secrets du tofu. Tout en vous initiant aux ingrédients chinois, nous vous suggérons des équivalents, compte tenu des saisons et des régions.

Bien que certaines listes d'ingrédients puissent paraître longues, la préparation de la plupart des sauces et des marinades n'a rien de compliqué. De même, si certaines instructions semblent fastidieuses, ne vous en faites surtout pas, elles concernent souvent la manière de couper, de préparer et de mélanger les ingrédients avant de commencer la cuisson proprement dite. Une fois que tout est prêt, le temps de cuisson dépasse rarement 5 ou 10 minutes.

J'espère que vous adopterez ces recettes et qu'elles vous permettront de créer vos propres plats au goût du cœur.

Stephen Wong, 1996

Une alimentation saine à la chinoise

Découvrez un nouveau monde de saveurs, de textures et d'ingrédients préparés au goût du cœur.

Dans la cuisine chinoise traditionnelle, les ingrédients de base sont relativement faibles en matières grasses; les matières grasses et le sel sont surtout ajoutés en cours de cuisson pour rehausser la saveur. Notre défi est donc de vous proposer des plats riches en saveur et en texture, mais faibles en matières grasses et en sel. Il s'agit pour ainsi dire d'allier les plus récentes connaissances en matière de nutrition aux saveurs d'une des plus anciennes cuisines.

Les légumes — un éventail de variétés

Dans la cuisine chinoise, les légumes occupent une place importante. La cuisson au wok ou à la poêle en préserve non seulement la texture croquante, la couleur et la saveur, mais aussi la teneur en vitamines. Les légumes verts à feuilles et les courges sont très riches en éléments antioxydants : vitamine C, vitamine E et bêta-carotène. Ces éléments font l'objet d'études quant à leurs propriétés préventives contre les maladies cardiovasculaires et le cancer; il est probable que la vitamine E, en particulier, puisse réduire les risques d'obstruction des artères. De plus, les légumes verts à feuilles constituent une bonne source de calcium. Si vous voulez un plat riche en calcium, essayez le gai lon à la sauce d'huîtres (p. 112), les feuilles de moutarde sautées à l'ail (p. 113) ou les germes de pois mange-tout aux pleurotes (p. 120).

Antioxydants

La recherche montre que le cholestérol sanguin risque davantage d'adhérer aux parois des artères lorsqu'il réagit avec une forme instable d'oxygène. Les antioxydants peuvent neutraliser cet oxygène fortement réactif avant son interaction avec le cholestérol et prévenir ainsi l'athérosclérose.

Remplissez votre assiette de produits céréaliers

Non seulement nos plats sont-ils faibles en matières grasses et en sodium, mais ils sont également riches en fibres et en glucides complexes. Le riz ou les nouilles sont une importante composante de tous les repas chinois. Le *Guide alimentaire canadien pour manger sainement* recommande entre 5 et 12 portions de produits céréaliers par jour. En vue de repas sains et satisfaisants, le riz cuit à la vapeur (p. 28) ou le riz brun au gingembre (p. 29) conviennent à toutes les recettes de ce livre. Servis avec beaucoup de légumes, le bœuf au poivre et les nouilles de Shanghai (p. 32) ou les fettucine aux épinards et crevettes Moo Shu (p. 33) sont des plats à la fois substantiels et fort appétissants.

Garnissez votre assiette de viandes et de leurs substituts

Dans la cuisine chinoise traditionnelle, la viande est un complément plutôt qu'une pièce de résistance. Si vous servez une assiette qui regorge de légumes et de riz ou de nouilles avec un excellent bœuf épicé au pakchoi (p. 86-87) ou un filet de porc braisé aux chayotes (p. 84), les convives ne se soucieront pas de la portion de viande qui leur échoit.

Truc

Faites cuire les nouilles dans de l'eau bouillante sans huile, puis rincez-les à l'eau froide pour les empêcher de coller. Il n'est pas nécessaire de les enduire d'huile.

Dans chaque recette, nous indiquons en grammes les quantités de matières grasses par portion. À l'aide des données ci-dessous, vous pouvez calculer combien de grammes de matières grasses vous pouvez vous permettre sans dépasser la proportion recommandée, soit 30 % de votre apport quotidien en calories.

Femme moyenne : (1 800 à 2 000 kcal/jour) : environ 65 grammes de matières grasses ou moins.

Homme moyen (2 300 à 3 000 kcal/jour) : environ 90 grammes de matières grasses par jour ou moins.

La cuisine chinoise donne une place de choix aux substituts de la viande comme le tofu, de loin le plus utilisé, qui procure une quantité appréciable de calcium alimentaire. La texture du tofu varie beaucoup; il peut être mou comme un flan ou très ferme, selon le pourcentage d'eau qu'il contient. Les recettes comme les koutien de tofu aux crevettes (p. 106), le tofu sauté aux champignons (p. 104) et les rouleaux de tofu au four (p. 102) sont de bons plats simples qui contiennent des protéines, du calcium et divers autres éléments nutritifs.

Quand y a-t-il trop de matières grasses?

Les adultes canadiens consomment en moyenne trop de matières grasses (38 % de l'apport quotidien en calories). Bien que les matières grasses aient leur place dans une saine alimentation (comme source d'acides gras essentiels et de vitamines liposolubles [les vitamines A, D, E, K]), la surconsommation de matières grasses est en partie responsable des maladies cardiovasculaires, du cancer et de l'obésité. Selon les *Recommandations sur la nutrition*, 30 % de l'énergie consommée quotidiennement devrait provenir des matières grasses.

Les secrets d'une faible consommation de matières grasses

Le défi du chef Wong consistait à créer des recettes savoureuses et appétissantes tout en utilisant très peu de matières grasses. Voici quelques-uns de ses secrets.

Remplacer les ingrédients riches en matières grasses par des ingrédients plus faibles en matières grasses

Dans plusieurs de nos recettes, nous avons simplement remplacé l'huile par du bouillon épaissi, très connu comme base de toutes les cuisines. Lorsqu'on réduit la teneur en matières grasses d'un plat, il faut compenser en y ajoutant de la saveur et du liquide. Nous proposons des bouillons épaissis à la fécule de maïs comme base pour nos sauces. (Voir les recettes de bouillon aux p. 2 à 8.)

Voici d'autres substituts étonnants. Essayez notre sui choy (chou de Savoie ou de Milan) en sauce à la crème (p. 118), dans lequel le lait écrémé en poudre tient lieu de crème riche. Dans la recette de homards jumeaux au cari de noix de coco (p. 68), la sauce est préparée à base de lait de coco écrémé. Le pouding aux mangues fraîches (p. 129) recourt au lait concentré 2 % plutôt qu'à de la crème légère (10 % de matières grasses). Comme vous le voyez, il est possible de considérablement réduire la teneur en matières grasses sans sacrifier le goût.

La plupart des nouilles sont de bonnes sources de glucides, mais elles peuvent parfois camoufler des matières grasses. Par exemple, les nouilles instantanées ont été plongées dans la friture en cours de fabrication et les nouilles fraîches sont souvent légèrement huilées avant d'être emballées pour empêcher qu'elles ne collent. Recherchez les variétés qui ne sont pas cuites.

Utiliser une poêle ou un wok antiadhésifs

En plus de vous aider à réduire votre consommation de matières grasses, une poêle ou un wok antiadhésifs se nettoient facilement. Utilisez un soupçon d'huile et ajoutez un peu d'eau si les aliments adhèrent au fond.

Des méthodes de cuisson faibles en matières grasses
La cuisson au four, la cuisson sur gril ou le rôtissage sont très rares en cuisine chinoise, mais nous avons introduit ces méthodes pour réduire la teneur en matières grasses de certains plats. Essayez les filets de vivaneau poêlés et ratatouille à la chinoise (p. 54), et le chow mein au poulet cuit au four (p. 46). La cuisson à la vapeur, traditionnelle en Chine, restreint les matières grasses, par exemple les bouchées au poulet à la vapeur (p. 34).

Enlever le gras de la viande et de la volaille
Achetez des coupes de viande plus maigres et enlevez tout le gras visible. Enlevez la peau de la volaille et préparez de petites portions de viande et de poisson (environ 90 g [3 oz] par personne). Toutes nos recettes demandent des viandes maigres, comme du filet de porc ou du bifteck de surlonge dégraissé. La plupart des recettes de volaille précisent d'enlever la peau. Vous pouvez toutefois l'enlever au moment de servir, comme pour le canard poêlé (p. 81), sans que la teneur en matières grasses ne soit augmentée.

Relever le goût des aliments
Le gras possède une saveur qu'il disperse dans un plat. Une même intensité de saveur peut se dégager des assaisonnements : ail, gingembre, échalotes et coriandre, entre autres. Combinez-les à des bouillons relevés et vous aurez le secret de la cuisine au goût du cœur. Évidemment, le sel ne figure pas parmi les condiments privilégiés.

Les marinades ajoutent de la saveur et concourent à conserver l'humidité du poisson, de la viande et du poulet lorsqu'ils sont cuits avec peu de matières grasses.

La cuisine chinoise faible en sel peut-elle avoir du goût?

La plupart des aliments contiennent du sodium, mais on leur en ajoute habituellement un surplus sous forme de sel. La plupart des Canadiens consomment trop de sodium, soit 4 grammes ou plus par jour. Un régime faible en sel réduit cette mesure à 2 grammes par jour (environ 1 c. à thé). L'excès de sel entraîne la rétention d'eau chez les personnes prédisposées. Ce surplus de fluide exige du cœur un surcroît d'effort pour faire circuler le sang dans l'organisme, ce qui peut causer l'hypertension artérielle.

Nos recettes de sauces utilisent du sodium, mais en petites quantités. En accord avec les mesures préventives recommandées, elles réduisent d'environ 25 % la teneur en sodium des mêmes plats dans un restaurant. Aucun de nos plats ne dépasse 0,9 gramme de sodium par portion, même généreuse. Voici comment Stephen Wong s'y prend pour réduire le sel tout en sauvegardant la saveur.

Utiliser des bouillons pour assaisonner
Nous proposons six recettes de délicieux bouillons maison (p. 2 à 8), exempts de matières grasses et de sel, contrairement aux bouillons en cubes ou aux

N'oubliez pas!

5 ml (1 c. à thé) de matières grasses — margarine, huile végétale, lard ou beurre — contiennent 5 grammes de matières grasses!

Les mesures au goût du cœur sont basées sur les critères préventifs suivants :

Déjeuner et collation du matin : 10-15 grammes de matières grasses

Dîner et collation l'après-midi : 25-35 grammes de matières grasses

Souper et collation en soirée : 25-40 grammes de matières grasses

Plusieurs recettes du livre prévoient l'emploi de sauce soja. Pour diminuer la quantité de sodium, employez deux fois moins de sauce soja que ne l'exige la recette et remplacez l'autre moitié par de l'eau.

Vous pouvez également utiliser la sauce soja à faible teneur en sel (hyposodée).

bouillons commercialisés. Pour disposer de ces merveilleux bouillons en tout temps, préparez-en de grandes quantités à la fois, versez-les dans des moules à glaçons et faites congeler.

Assaisonner généreusement

Pour compenser les saveurs inhérentes aux matières grasses et au sel, nous doublons parfois la quantité d'ail, de gingembre, de vinaigre et d'autres épices. Rien ne vous empêche de recourir à quelques condiments dépourvus de sel : poudre de cinq épices, poudre de cari et pâte de piments forts (p. 9-10).

Le cholestérol

Il existe deux types de cholestérol : le cholestérol sanguin et le cholestérol alimentaire. Le cholestérol sanguin est un produit naturel de l'organisme; il s'agit d'une substance cireuse et blanche principalement produite par le foie. L'organisme a besoin de cholestérol pour fonctionner normalement; cependant, des problèmes surviennent lorsque le sang accuse un taux excessif de cholestérol et que ce dernier adhère aux parois des artères.

Le cholestérol sanguin se divise en deux types : le cholestérol de haute densité (HDL) et le cholestérol de faible densité (LDL). Le HDL est souvent appelé « bon » cholestérol: il oriente l'excès de cholestérol vers le foie qui le libère dans la bile. Le taux de HDL dans le sang est principalement influencé par l'exercice, le poids, le tabagisme et des facteurs héréditaires.

Le LDL est souvent appelé « mauvais » cholestérol parce que, s'il dépasse certaines mesures, il se dépose sur les parois des artères. La teneur en matières grasses de l'alimentation joue considérablement sur la régulation du taux de LDL. L'idéal, c'est un faible taux de LDL et un taux élevé de HDL.

À propos du cholestérol

Le cholestérol alimentaire se trouve uniquement dans les aliments d'origine animale, notamment le jaune d'œuf, les crevettes, le foie, les produits laitiers gras, la viande, le poisson et la volaille. Beaucoup de gens croient que le cholestérol alimentaire est le principal responsable de la hausse de leur taux de cholestérol. Ils se demanderont alors pourquoi nous proposons autant de plats à base d'œufs et de fruits de mer : moules sautées (p. 61), crevettes épicées à l'ail (p. 62), huîtres à la vapeur et garniture à l'ail (p. 60) et frittata de poisson à la chinoise (p. 56).

Nous savons maintenant que le cholestérol alimentaire n'influence pas autant le taux de cholestérol que les matières grasses. En fait, c'est la modération qui est de mise. Si vous pouvez manger des aliments riches en cholestérol quelques fois par semaine, il est fortement déconseillé d'en mettre au menu tous les jours.

Si votre taux de cholestérol vous cause des inquiétudes, surveillez plus étroitement le taux global de votre consommation de matières grasses, plus particulièrement de gras saturé, que le cholestérol alimentaire. Autrement dit, en réduisant votre consommation de matières grasses, vous réduisez automatiquement votre taux de cholestérol!

Des faits au sujet du gras

Gras saturés

Les gras saturés accroissent le taux de cholestérol. On en trouve surtout dans la viande, la volaille, les produits laitiers (à l'exception du lait écrémé), le beurre, le lard et les huiles tropicales (palme et noix de coco).

Comme il y a très peu de produits laitiers dans l'alimentation chinoise, voilà une source éliminée! En revanche, certains plats chinois contiennent des viandes et des volailles grasses. C'est pourquoi certaines recettes conventionnelles ont été modifiées, par exemple, la soupe au canard citronné Chiu Chow (p. 72), le canard poêlé (p. 81) et le porc barbecue (p. 97); soit qu'on enlève la peau (pour les volailles), soit qu'on choisisse des coupes de viande plus maigres.

Gras monoinsaturés

Les gras monoinsaturés pourraient réduire le taux de « mauvais » cholestérol ou de LDL et même accroître celui du « bon » cholestérol ou HDL. On en trouve dans l'huile d'olive, l'huile de canola, les margarines à base de ces huiles, les noisettes, les amandes, les pistaches, les pacanes et les noix de cajou.

Nous utilisons de l'huile de canola dans la plupart de nos recettes pour plusieurs raisons. Non seulement contient-elle du gras monoinsaturé, mais c'est l'huile qui présente le moins de gras saturé. En outre, elle renferme de petites quantités d'acides gras oméga 3 et de vitamine E, un antioxydant, sans compter qu'elle est produite au Canada et coûte, par conséquent, moins cher.

Comme les noix contiennent beaucoup de gras, nous les avons réduites de moitié dans nos recettes pour ne pas vous priver complètement de leurs bienfaits nutritionnels. Essayez les crevettes aux noix de cajou et see qua (p. 64) ou le poulet sauté à la mangue (p. 76) qui comporte des pacanes glacées au sésame (p. 12).

Gras polyinsaturés

Les gras polyinsaturés contribuent à réduire le taux de « mauvais » cholestérol sanguin ou LDL. Ce type de gras, qui contient aussi des acides gras essentiels, se trouve dans les huiles végétales, comme l'huile de carthame, l'huile de tournesol, l'huile de maïs, l'huile de soja, l'huile de sésame et la plupart des huiles de noix, dans les margarines à base de ces huiles, dans les noix de Grenoble, les châtaignes, les noix du Brésil et les pignons, ainsi que dans les graines de sésame et de tournesol. Nous avons combiné des noix avec d'autres ingrédients dans les sautés pour ajouter de la saveur et de la texture. (Voir les recettes de pétoncles sautés avec pignons [p. 67] ou d'épinards au sésame [p. 115]).

Huiles de poisson ou acides gras oméga 3

Les acides gras oméga 3 appartiennent à la famille des gras polyinsaturés. On les trouve surtout dans les poissons gras, comme le saumon, le maquereau, la truite et le hareng. Ces huiles de poisson sont fortement recommandées, car, selon certaines études, elles protégeraient contre la formation de caillots sanguins.

Taux de cholestérol élevé

Si vous souffrez d'hypercholestérolémie, on vous recommandera probablement d'éviter les aliments riches en cholestérol, car ils peuvent influencer le taux de cholestérol sanguin chez les personnes prédisposées.

Modération

Découvrant que les « bonnes » huiles végétales comme l'huile de canola ou l'huile d'olive peuvent abaisser le taux de cholestérol, certains pourraient en abuser. Même si ces huiles sont faibles en gras saturés, c'est la quantité totale de gras dans l'alimentation qui, en définitive, influence le taux de cholestérol sanguin. La leçon à retenir est donc celle-ci : consommez le moins de matières grasses possible!

Le poisson contribue à varier votre alimentation et pourrait diminuer les risques de maladies cardiovasculaires. Dégustez nos délicieuses roulades de saumon et champignons enoki (p. 48), notre saumon au poivre du Sichuan (p. 49) ou notre saumon fumé au thé (p. 63).

Acides gras trans

On trouve certains acides gras trans dans la nourriture, tandis que d'autres résultent du processus d'hydrogénation, c'est-à-dire la transformation d'huiles végétales liquides en solides. Bien qu'ils soient insaturés, les acides gras trans jouent le même rôle que les acides gras saturés, c'est-à-dire qu'ils augmentent le mauvais cholestérol (LDL).

On trouve les acides gras trans surtout dans le shortening végétal et dans les aliments préparés à partir de cette matière grasse, comme les biscuits, les craquelins, les croustilles, les fritures et les margarines hydrogénées.

On utilise du shortening végétal ou du lard dans la pâtisserie chinoise comme les beignets à la vapeur et les croûtes de tarte. Ici, nous avons substitué l'huile au shortening végétal. La délicieuse croûte qui sert de base aux mini-tartelettes à la crème renversée (p. 131) comprend du fromage ricotta, de la farine et une petite quantité de beurre. Comparativement aux tartelettes commercialisées, elles sont aussi savoureuses mais beaucoup moins grasses.

Nancy Ling, diététiste

Analyse nutritionnelle

L'analyse nutritionnelle de nos recettes a été confiée à Nancy Ling, diététiste, qui a utilisé le Food Processor Nutrition Analysis Software, version 6.03 (ESHA, Research 1995). Les données de base en matière de nutrition relèvent du Fichier canadien des éléments nutritifs de 1991, complété à l'occasion par des données dûment documentées provenant de sources sûres.

L'analyse a été effectuée selon les poids et mesures britanniques et tient compte du premier ingrédient suggéré quand il y a un choix entre plusieurs.

Quand il est question d'huile ou de bouillon, il s'agit toujours d'huile de canola et de bouillon maison sans sel.

Pour ce qui est du sel, seules les quantités précises ont été incluses dans les analyses. Lorsqu'on suggère de saler « au goût », utilisez le minimum de sel ou de sauce de soja.

L'analyse ne tient pas compte des ingrédients facultatifs ni des garnitures non quantifiées.

Les valeurs nutritives ont été arrondies au nombre entier le plus près. Les éléments dont la valeur est inférieure à 0,5 sont plutôt considérés comme des « traces » et sont indiqués par les lettres « tr ».

Le riz vapeur à titre d'accompagnement n'a pas été inclus dans l'analyse des recettes.

Les sources de vitamines (A,C,E,B_6, B_{12}, thiamine, niacine, riboflavine, acide folique) et de minéraux (calcium, fer et zinc) ont été identifiées comme excellentes ou bonnes d'après les critères des AQR (la valeur supérieure) (*Guide des fabricants et annonceurs*, 1988).

Une portion est considérée comme une bonne source de vitamines ou de minéraux quand elle fournit 15 % de l'apport quotidien recommandé (AQR) (30 % pour la vitamine C). Elle est considérée comme une excellente source, lorsqu'elle fournit 25 % de l'AQR (50 % pour la vitamine C).

Truc #1 : bouillon

Préparez de grandes quantités de bouillon et faites-en congeler dans des moules à glaçons, ce qui vous donnera des portions faciles à mesurer. Chaque moule à glaçon contient environ 15 ml (1 c. à soupe). Une fois le bouillon congelé, démoulez les cubes, déposez-les dans un sac de congélation soigneusement étiqueté. Ainsi, vous en aurez toujours à portée de la main.

Truc #2 : bouillon

Gardez les épluchures de légumes, les carapaces de crevettes, les os de bœuf, de porc ou de poulet et faites-les congeler. Ils pourront servir plus tard dans la préparation d'un bouillon.

Les bouillons, secret de la Cuisine chinoise au goût du cœur

Ce sont les recettes de bouillon qui vous permettront de tirer le meilleur de ce livre. En cuisine, un bouillon savoureux correspond à une bonne basse en musique : cela donne du rythme à un plat et enrichit sa tonalité; en fait, le bouillon est un assaisonnement en soi. Dans la Cuisine chinoise au goût du cœur, *les bouillons ont des effets encore plus percutants : ils rehaussent à ce point la saveur des mets que le sel devient moins nécessaire.*

On peut acheter des bouillons commercialisés, mais la plupart sont riches en sel. Quant aux bouillons « maison » qu'offrent certains commerces, ils sont souvent dispendieux.

Il y a tellement d'avantages et si peu d'effort à préparer ses propres bouillons! Non seulement pouvez-vous doser, voire éliminer, le gras et le sel, mais cela permet souvent de réutiliser des restes qui, autrement, iraient à la poubelle.

Pour éliminer tout le gras des bouillons de viande ou de poulet, réfrigérez-les après les avoir filtrés. Le gras figera à la surface du bouillon, et vous n'aurez qu'à l'enlever.

Bouillon épaissi vite fait

Voici une méthode toute simple pour épaissir un bouillon clair, qui pourra éventuellement remplacer l'huile. Utilisez-le pour faire « frire » les nouilles et cuire les légumes. Il donne aux aliments une apparence huileuse et fournit l'humidité nécessaire à la cuisson. Comme ce bouillon ne peut pas être congelé, n'en préparez que la quantité dont vous avez besoin. Cette recette peut être quadruplée si nécessaire. Certains bouillons n'ont pas besoin d'être épaissis, par exemple le bouillon de veau *(p. 7)**.*

300 ml	**bouillon de légumes ou de poulet**	**1 1/4 tasse**
5 ml	**fécule de maïs**	**1 c. à thé**

Délayer la fécule de maïs dans le bouillon froid. Porter à ébullition en remuant à l'occasion. Le bouillon épaissira et prendra une consistance légèrement huileuse. Réserver.

Donne environ 250 ml (1 tasse)

Bouillon de poulet

Il s'agit du bouillon de base dans la Cuisine chinoise au goût du cœur. *Vous pouvez en utiliser dans toutes les recettes qui demandent du bouillon. Pour le relever davantage, utilisez 1 kg (2 lb) d'ailes ou de pilons de poulet et 1,5 kg (3 lb) de dos et de cous de poulet.*

2,5 kg	**dos et cous de poulet, coupés en morceaux**	**5 lb**
5 l	**eau froide**	**20 tasses**
1	**oignon, coupé en quatre**	**1**
2	**gousses d'ail, entières**	**2**
1	**carotte, émincée**	**1**
1	**gros poireau, lavé et émincé**	**1**
5 cm	**gingembre émincé**	**2 po**
5 ml	**poivre du Sichuan en grains**	**1 c. à thé**
5 ml	**poivre noir en grains**	**1 c. à thé**

1. Rincer les os de poulet sous le robinet, les déposer dans une grande casserole et couvrir d'eau froide.

2. Porter à ébullition à feu moyen; écumer de temps en temps. Quand s'amorce l'ébullition, ajouter environ 250 ml (1 tasse) d'eau pour la retarder. Baisser le feu et laisser frémir pendant environ 10 minutes. Écumer jusqu'à ce que le bouillon soit presque clair.

3. Ajouter tous les légumes et les grains de poivre. Laisser frémir à feu doux à découvert pendant environ 4 heures sans remuer. Écumer la surface si nécessaire.

4. Filtrer le bouillon à l'aide d'une passoire munie de deux épaisseurs de coton à fromage humide pour retenir les solides et la majeure partie du gras. Réfrigérer, puis enlever ce qui reste de gras.

Donne environ 3,75 l (15 tasses)

Fond brun

Pour un fond brun qui servira aux plats de viande, faites griller des os de poulet au four à 230 °C/450 °F pendant une heure, jusqu'à ce qu'ils soient bien bruns. Préparez le bouillon selon la recette et filtrez-le à l'aide d'une passoire fine. Faites bouillir le bouillon de nouveau jusqu'à ce qu'il soit réduit de moitié.

Bouillon de légumes

Ce bouillon peut dans tous les cas remplacer les bouillons de viande ou de poulet. On ne saurait préparer un bon bouillon de légumes sans recourir à un bouquet garni de thym, de feuilles de laurier et de persil. Ici, nous ajoutons du gingembre et de la citronnelle, saveurs qui s'harmonisent parfaitement avec la cuisine chinoise.

Pour une saveur plus riche, ajoutez des épluchures de légumes comme des queues de champignons chinois, du cresson, etc. pendant les 20 dernières minutes de cuisson. Quiconque évite de gaspiller ne manque de rien!

250 ml	**oignons moyens hachés**	**1 tasse**
250 ml	**navet haché**	**1 tasse**
500 ml	**carottes hachées**	**2 tasses**
500 ml	**céleri haché**	**2 tasses**
500 ml	**poireaux, lavés et émincés**	**2 tasses**
1	**tige de citronnelle écrasée et hachée**	**1**
5 cm	**gingembre tranché**	**2 po**
4 l	**eau**	**16 tasses**

1. Dans une grande casserole, combiner tous les ingrédients et porter à ébullition. Écumer.

2. Réduire à feu moyen et laisser cuire à découvert pendant 45 minutes.

3. Filtrer le bouillon à l'aide d'une passoire fine ou doublée d'un coton à fromage humide. Congeler ou réfrigérer le bouillon. Utiliser dans les plats de légumes ou les soupes.

Donne environ 3,75 l (15 tasses)

Bouillon de légumes à la chinoise

Pour la préparation de ce bouillon, je préfère utiliser des germes de soja dont la graine jaune est demeurée, car ils dégagent une saveur plus prononcée que les germes de haricots mungo. Ce bouillon est idéal pour les recettes de légumes sautés ou braisés.

15 ml	**huile végétale**	**1 c. à soupe**
3	**tranches de gingembre**	**3**
1 kg	**germes de soja, rincés et asséchés**	**2 lb**
50 ml	**sherry sec**	**1/4 tasse**
10	**dattes rouges chinoises ou 5 figues séchées**	**10**
2	**bâtons de céleri chinois ou de céleri avec les feuilles, tranchés**	**2**
12	**queues de champignons chinois**	**12**
1	**grosse carotte, tranchée**	**1**
4 l	**eau**	**16 tasses**

1. Dans une casserole, chauffer l'huile à feu vif. Ajouter le gingembre et faire revenir jusqu'à ce qu'il soit parfumé, environ 30 secondes. Ajouter les germes de soja et remuer pendant une minute.

2. Incorporer le sherry, l'eau et les autres ingrédients et porter à ébullition. Réduire à feu moyen et faire cuire à découvert pendant 30 minutes. Écumer l'huile à l'occasion.

3. Filtrer le bouillon à l'aide d'une passoire fine ou doublée d'un coton à fromage humide. Congeler ou réfrigérer le bouillon. Utiliser dans les plats de légumes ou les soupes.

Donne environ 3,75 l (15 tasses)

Bouillon de crevettes

Ce bouillon ajoute de la saveur et de la couleur aux plats de fruits de mer. Utilisez des crevettes entières non décortiquées, habituellement de meilleure qualité. Après les avoir décortiquées, gardez les carapaces et les têtes; faites-les congeler en accumulant la quantité requise pour ce bouillon. Le bouillon sera encore plus concentré si vous le faites réduire encore de moitié à la fin de la cuisson.

500 g	**carapaces et têtes de crevettes**	**1 lb**
15 ml	**huile**	**1 c. à soupe**
1	**oignon, haché**	**1**
125 ml	**carottes hachées**	**1/2 tasse**
250 ml	**poireaux hachés**	**1 tasse**
25 ml	**crevettes séchées (facultatif)**	**2 c. à soupe**
3	**tranches de gingembre**	**3**
25 ml	**pâte de tomate**	**2 c. à soupe**
250 ml	**vin blanc**	**1 tasse**
4 l	**eau**	**16 tasses**

1. Faire rôtir les carapaces et les têtes de crevettes au four à 200 °C/400 °F pendant 20 minutes ou jusqu'à ce qu'elles brunissent.

2. Dans une grande casserole, chauffer l'huile et faire revenir les oignons, les carottes, les poireaux, les crevettes séchées, le gingembre et la pâte de tomate pendant 2 minutes. Ajouter les carapaces de crevettes et le vin blanc et laisser mijoter pendant 5 minutes. Ajouter l'eau et porter à ébullition. Écumer l'huile et la mousse. Réduire à feu moyen et laisser frémir à découvert pendant 30 minutes. Écumer souvent.

3. Filtrer le bouillon à l'aide d'une passoire fine. Congeler ou réfrigérer.

Donne environ 3,5 l (14 tasses)

Bouillon de veau

La recette de ce riche bouillon s'inspire de la cuisine française traditionnelle. Le bouillon de veau confère une saveur plus riche à presque tous les plats de bœuf ou de viande rouge.

4 kg	**os de veau**	**8 lb**
250 ml	**oignon en dés**	**1 tasse**
175 ml	**carottes en dés**	**3/4 tasse**
250 ml	**céleri en dés**	**1 tasse**
250 ml	**pâte de tomate**	**1 tasse**
6 l	**eau**	**24 tasses**

Bouquet garni :

1	**feuille de laurier**	**1**
1	**branche de thym**	**1**
10	**grains de poivre**	**10**
4	**branches de persil**	**4**
1	**gousse d'ail**	**1**

1. Faire dorer les os au four à 200 °C (400 °F) environ 1 heure. Retirer les os de la rôtissoire et les plonger dans une casserole d'eau froide. Porter à ébullition. Écumer si nécessaire.

2. Déposer les légumes dans la rôtissoire et remettre celle-ci au four. Faire dorer les légumes environ 15 minutes. Ajouter la pâte de tomate et laisser griller 5 minutes de plus.

3. Entourer les ingrédients du bouquet garni d'un coton à fromage; nouer celui-ci à l'aide d'une ficelle de boucher.

4. Ajouter le mélange de légumes et de pâte de tomate, ainsi que le bouquet garni dans la casserole. Laisser mijoter tout doucement de 4 à 8 heures en écumant si nécessaire.

5. Filtrer le bouillon à l'aide d'une passoire fine. Laisser refroidir et réfrigérer. Dégraisser.

6. Remettre le bouillon dans la casserole et faire réduire de moitié. Laisser refroidir, puis congeler ou réfrigérer.

Donne 2 l (8 tasses)

Bouillon de porc

Le porc rend le bouillon plus riche sans dégager de saveur particulière. Essayez-le dans la soupe au melon d'hiver (p. 18) et dans d'autres soupes aux nouilles. On peut trouver des os à bon compte ou même gratuitement chez le boucher.

1,5 kg	**os de jarrets, de côtes ou de dos, en morceaux**	**3 lb**
1 kg	**cous et dos de poulet, en morceaux de 5 cm (2 po)**	**2 lb**
5 l	**eau**	**20 tasses**
1	**oignon, coupé en quatre**	**1**
2	**gousses d'ail**	**2**
1	**carotte, tranchée**	**1**
3	**gros oignons verts, nettoyés et coupés en quatre**	**3**
2,5 cm	**gingembre émincé**	**1 po**
5 ml	**poivre blanc en grains**	**1 c. à thé**

1. Rincer le poulet et les os de porc à l'eau froide, déposer dans une casserole et couvrir d'eau froide.

2. Ajouter tous les autres ingrédients. Porter à ébullition à feu moyen en enlevant l'écume et le gras si nécessaire.

3. Quand s'amorce l'ébullition, réduire le feu et laisser mijoter pendant environ 10 minutes. Réduire encore le feu et laisser frémir pendant environ 4 heures. Écumer si nécessaire.

4. Filtrer le bouillon à l'aide d'une passoire fine. Réfrigérer, puis enlever tout le gras à la surface. Congeler ou réfrigérer pour un usage ultérieur.

Donne environ 3,75 l (15 tasses)

Poudre de cinq épices chinoise

Vous trouverez de la poudre de cinq épices chinoise dans la plupart des supermarchés, mais si vous désirez préparer votre propre mélange, en voici une version.

8	anis étoilés	8
25 ml	poivre du Sichuan en grains	2 c. à soupe
15 ml	cannelle moulue	1 c. à soupe
15 ml	clous de girofle moulus	1 c. à soupe
45 ml	graines de fenouil moulues	3 c. à soupe

1. Retirer le cœur dur de l'anis étoilé et moudre le reste.

2. À l'aide d'un mortier et d'un pilon ou dans un petit mélangeur, moudre les épices. Garder dans un récipient en verre à l'abri de la chaleur et de la lumière. La poudre se conserve pendant 1 mois.

Poudre de cari

Si vous achetez votre poudre de cari, choisissez un cari de Madras. Sa composition se rapproche davantage de celui-ci.

15 ml	poudre de chili	1 c. à soupe
125 ml	coriandre moulue	1/2 tasse
45 ml	cumin moulu	3 c. à soupe
10 ml	graines de moutarde noires*	2 c. à thé
10 ml	graines de fenugrec*	2 c. à thé
5 ml	poivre noir moulu	1 c. à thé
10 ml	curcuma moulu	2 c. à thé
4	feuilles de cari*	4

Moudre tous les ingrédients ensemble.

** En vente dans tous les magasins d'épices et d'aliments indiens.*

Attention aux piments

Lorsque vous manipulez des piments forts, portez des gants de caoutchouc ou prenez soin de bien vous laver les mains. En cas de contact avec la peau, frottez la partie touchée avec du jus de citron frais et lavez à grande eau. Un contact avec les yeux peut exiger un recours au médecin.

Pâte de piments forts à la vietnamienne

On trouve de la pâte de piments à la vietnamienne dans le commerce, mais elle est facile à préparer si vous n'arrivez pas à vous en procurer. Davantage qu'une sauce, c'est une pâte au goût relevé et légèrement sucré. Les morceaux et les graines de piment restent visibles. Idéale pour assaisonner des trempettes ou à titre de condiment.

15 ml	**huile de canola**	**1 c. à soupe**
6	**piments habaneros ou autres piments forts, épépinés et coupés en morceaux**	**6**
125 ml	**échalotes émincées**	**1/2 tasse**
25 ml	**cassonade**	**2 c. à soupe**
50 ml	**vinaigre de vin rouge**	**1/4 tasse**

1. Chauffer l'huile de canola. Faire revenir les piments, les échalotes et la cassonade pendant 5 minutes.

2. Ajouter le vinaigre de vin rouge dans la poêle et faire réduire de moitié.

3. Verser la sauce dans une bouteille stérilisée et fermer hermétiquement. Se conserve indéfiniment au réfrigérateur.

Donne environ 250 ml (1 tasse)

Oeufs au thé et mayonnaise épicée

Quoique inusitées, ces recettes sont très faciles à préparer. La mayonnaise épicée rehausse la saveur. Pour bien commencer une soirée, servez des œufs au thé accompagnés de fruits de mer fumés au thé (p. 63) en guise de hors-d'œuvre. Les œufs de caille, si vous en trouvez, sont une heureuse variation sur le même thème.

8	**œufs**	8
750 ml	**eau**	3 tasses
45 ml	**feuilles de thé noir chinois**	3 c. à soupe
15 ml	**sauce de soja noire**	1 c. à soupe
15 ml	**Cinq épices**	1 c. à soupe

1. Déposer les œufs dans une grande casserole et recouvrir d'eau froide. Porter lentement à ébullition à feu moyen, éteindre le feu et laisser reposer les œufs pendant 10 minutes. Retirer les œufs et les passer à l'eau froide.

2. Craqueler légèrement les coquilles à l'aide d'une cuillère ou en faisant rouler les œufs sur une surface dure. Les coquilles ne doivent pas cependant laisser l'œuf à découvert.

3. Dans une casserole, porter à ébullition 750 ml (3 tasses) d'eau. Ajouter tous les autres ingrédients. (Si les œufs sont servis sans la mayonnaise épicée, ajouter 5 ml de sel à l'eau.) Réduire le feu, ajouter les œufs et laisser frémir doucement pendant 30 minutes.

4. Retirer du feu et laisser les œufs dans le liquide pendant au moins 30 minutes ou toute la nuit. Retirer les œufs et laisser reposer à la température ambiante.

5. Écaler les œufs au moment de servir.

Mayonnaise épicée

125 ml	**yogourt nature léger**	1/2 tasse
25 ml	**mayonnaise légère**	2 c. à soupe
7 ml	**pâte de piments forts ou au goût**	1 1/2 c. à thé
25 ml	**ciboulette chinoise finement hachée**	2 c. à soupe
2 ml	**sel**	1/2 c. à thé

Mélanger tous les ingrédients. Étaler environ 5 ml de mayonnaise sur une feuille d'endive. Déposer 1/4 d'œuf, le jaune vers le haut. Servir comme hors-d'œuvre.

Donne 10 portions

Par portion, avec la mayonnaise épicée :
75 calories
2 g glucides
6 g protéines
5 g gras
1 g gras saturé
171 mg cholestérol
traces fibres
285 mg sodium
89 mg potassium
Bonne source de vitamine B_{12}

Pacanes glacées au sésame

Ces noix sont tout simplement irrésistibles. Malheureusement, pour respecter les règles préventives « au goût du cœur », les portions suggérées sont minuscules. Ces noix sont excellentes pour garnir, par exemple, le poulet sauté à la mangue (p. 76) ou pour accompagner, entre autres, les poires et figues pochées (p. 132). Utilisez-les avec modération. Notre analyse tient compte d'une quantité de 14 noix ou 43 g ($1\frac{1}{2}$ on). Les noix de Grenoble sont un substitut.

	Huile végétale en atomiseur	
500 g	**pacanes crues écalées ou**	**1 lb**
	moitiés de noix de Grenoble	**5 tasses**
1,25 l	**eau**	
250 ml	**sucre**	**1 tasse**
125 ml	**miel**	**$\frac{1}{2}$ tasse**
1 ml	**sel**	**$\frac{1}{4}$ c. à thé**
50 ml	**graines de sésame grillées**	**$\frac{1}{4}$ tasse**

1. Chauffer le four à 140 °C/275 °F.

2. Vaporiser un peu d'huile sur une plaque à biscuits et réserver.

3. Pour les noix de Grenoble, porter 1 l d'eau à ébullition, ajouter les noix et blanchir pendant deux minutes. Retirer du feu, bien égoutter, éponger et réserver. (Pour les pacanes, sauter cette étape.)

4. Dans une grande poêle, combiner 250 ml (1 tasse) d'eau, le sucre, le miel et le sel et porter à ébullition. Cuire jusqu'à consistance sirupeuse. Réduire à feu moyen et ajouter les noix. Laisser bouillir pendant deux minutes et remuer afin que les noix soient bien immergées.

5. Laisser égoutter les noix dans une passoire pour enlever l'excès de sirop. Placer les noix sur la plaque à biscuits, bien les séparer les unes des autres. Déposer dans le four préchauffé et cuire environ 30 minutes ou jusqu'à ce qu'elles soient dorées. Pour une cuisson uniforme, remuer et retourner à quelques reprises.

6. Retirer du four et laisser refroidir un peu. Mettre les noix encore chaudes et collantes dans un grand bol et les enrober de graines de sésame grillées. Étaler à nouveau sur la plaque à biscuits. Laisser refroidir. Servir comme amuse-gueule ou comme accompagnement. Les noix se conserveront dans un pot de verre hermétique. Excellente collation.

Donne 20 portions

Par portion :
229 calories
22 g glucides
2 g protéines
17 g gras
1 g gras saturé
0 mg cholestérol
1 g fibres
28 mg sodium
102 mg potassium

En haut : *Riz rouge frit aux légumes*, page 30 >
En bas : *Nouilles sautées à la Singapour*, page 31 >

Assaisonnements de base

Pour faire de la cuisine orientale un régal quotidien, ayez toujours les ingrédients suivants sous la main : gingembre, oignons verts, coriandre, sauce de soja, sauce de poisson, pâte de haricots pimentée, huile de sésame, poudre de cinq épices, sherry sec et une variété de champignons chinois déshydratés. Ces ingrédients, faciles à trouver, entrent dans plusieurs des recettes du présent ouvrage.

Glossaire

Certains ingrédients chinois plus exotiques méritent des précisions. Le glossaire suivant vous indiquera où, dans le présent ouvrage, vous trouverez plus de détails à leur sujet ou des suggestions de substituts. Le signe # renvoie à une photo et « Voir page » indique où trouver plus de détails.

Explorez les rayons d'aliments exotiques de votre supermarché, ou trouvez une épicerie chinoise ou asiatique qui offre les ingrédients ci-dessous.

Pak-choï ou bette chinoise	# 2 . Légume vert feuillu, à tiges blanches charnues, très courant en Chine.
Nouilles transparentes ou dites de cellophane	Voir page 110.
Chayote	# 11. Voir page 84.
Amandes chinoises	Noix en forme de cœur semblables aux amandes amères.
Céleri chinois	Voir page 100.
Ciboulette chinoise	# 15 et 21. Voir page 61.
Aubergine chinoise	Voir page 119.
Chou en saumure	Voir page 24.
Dattes rouges chinoises	Dattes rouge foncé à la peau coriace, utilisées dans les soupes et les desserts.
Champignons « oreille-de-nuage »	# 16 et # 17. Voir page 21.
Daikon	# 8. Voir page 88.
Champignons chinois déshydratés	Champignons noirs qui, réhydratés, dégagent un goût prononcé.
Noix de lotus séchées	# 22. Voir page 107.
Champignons Enoki	# 14.
Haricots noirs fermentés	Voir page 70.
Sauce de poisson	Voir page 19.

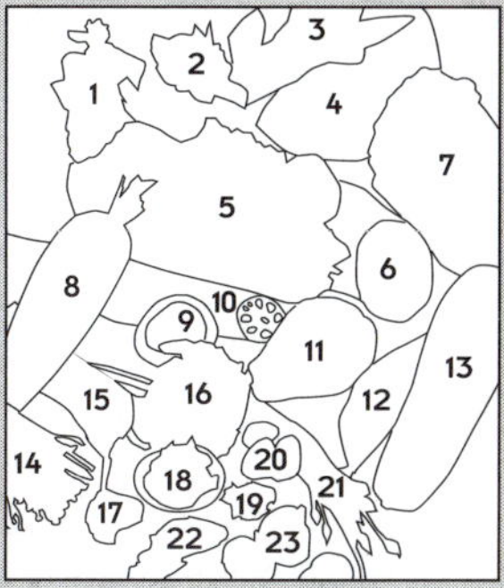

1. gai lon 2. pak-choï (cœur d'une plante à maturité) 3. épinards d'eau 4. melon d'hiver 5. gai choy (feuilles de moutarde) 6. racine de taro 7. sui choy 8. daikon blanc 9. champignons shiitake 10. racine de lotus 11. chayote 12. see qua 13. mogwa 14. champignons Enoki 15. ciboulette chinoise jaune et verte 16. champignons blancs « oreille-de-nuage » 17. champignons « oreille-de-judas » séchés 18. champignons des bois séchés 19. anis étoilé 20. kumquats 21. ciboulette chinoise 22. noix de lotus séchées 23. châtaignes d'eau

< Voir la légende (à droite) et le glossaire pour reconnaître les ingrédients

Poudre de cinq épices	Voir page 9.
Gai choy	# 5. Voir page 113.
Gai lon	# 1. Voir page 112.
Sauce hoisin	Voir page 98.
Pâte de haricots pimentée	Voir page 100.
Mélange de sept épices japonais	Voir page 45.
Racine de jicama	Voir page 122.
Feuilles de kaffir	Voir page 68.
Kumquats	# 20. Petits agrumes à la peau sucrée et à la pulpe acide.
Citronnelle	Voir page 68.
Racine de lotus	# 10. Voir page 107.
Mo qua	# 13. Voir page 96.
Sauce d'huîtres	Voir page 52.
Germes de pois mange-tout	Voir page 120.
Pomélo	Voir page 74.
Pâte de miso rouge	(Sendai miso) Pâte japonaise de haricots de soja fermentés.
Riz rouge	Riz à grains longs brun-rouge à la saveur de noisette.
Sauce Satay	Voir page 86.
Huile de sésame	Huile de graines de sésame grillées, utilisée pour assaisonner les plats de poisson, de nouilles et de légumes.
See qua	#12. Voir page 64.
Nouilles de Shanghaï	Voir page 32.
Anis étoilé	# 19. Graine en forme d'étoile à la saveur d'anis très prononcée.
Sui choy	# 7. Voir page 118.
Poivre du Sichuan	Voir page 49.
Racine de taro	# 6. Voir page 79.
Pâte de tofu	Voir page 102.
Udon	Voir page 45.
Pâte de piments forts à la vietnamienne	Voir page 10.
Feuilles de riz à la vietnamienne	Feuilles de pâte de riz qui entourent les rouleaux.
Châtaignes d'eau	# 23. Voir page 99.
Épinards d'eau	Voir page 123.
Melon d'hiver	# 4. Voir page 18.
Feuilles de wonton/gyoza	Feuilles de pâte sans œuf.
Champignons des bois	# 18. Voir page 33.
Doliques asperges	Voir page 75.

Soupes

Melon d'hiver ou pastèque de Chine *(Dong gua)*

En fait, il s'agit plutôt d'une courge que d'un melon. L'appellation « melon d'hiver » s'inspire probablement de son écorce vert pastèque tachetée de blanc. Cette courge vient à maturité en été et peut peser plus de 13 kilos (30 lb). Elle se vend donc souvent en morceaux. N'hésitez pas à demander uniquement la quantité dont vous avez besoin. Bien emballée dans du papier d'aluminium ou une pellicule de plastique, elle se conserve au réfrigérateur pendant environ 8 jours.

Par portion :
64 calories
7 g glucides
6 g protéines
2 g gras
traces gras saturé
23 mg cholestérol
2 g fibres
185 mg sodium
371 mg potassium
Excellente source de : vitamine D.
Bonne source de : vitamine C et acide folique.

Soupe au melon d'hiver

Selon les Chinois, la santé dépend de l'équilibre des éléments « chauds » et « froids » du corps et, à cet égard, les aliments sont classés chauds, froids ou neutres. Pour un grand nombre de Chinois, la première chose à faire lorsqu'on tombe malade, c'est de modifier son alimentation.

Dans la soupe suivante, vous pouvez remplacer la viande par du poulet, des pétoncles ou de la pieuvre, ou encore préparer une version végétarienne de cette soupe en utilisant un bouillon de légumes. Vous pouvez remplacer la sauce de poisson par du sel de mer.

Marinade :

5 ml	**sauce de poisson**	**1 c. à thé**
10 ml	**eau**	**2 c. à thé**
2 ml	**huile de sésame**	**1/2 c. à thé**
5 ml	**fécule de maïs**	**1 c. à thé**
60 g	**porc tranché en fines lanières**	**2 oz**
6	**grosses crevettes crues, hachées grossièrement**	**6**
750 g	**melon d'hiver ou concombre**	**1 1/2 lb**
30 g	**jambon chinois ou prosciutto, coupé en dés**	**1 oz**
4	**champignons chinois séchés, réhydratés et coupés en petits dés**	**4**
1,5 l	**bouillon de poulet (p. 3) ou de porc (p. 8)**	**6 tasses**

1. Préparer la marinade et faire macérer les crevettes et les lanières de porc pendant 10 minutes.

2. Retirer les graines et la pulpe molle du melon d'hiver. Enlever l'écorce et réserver pour assaisonner la soupe. Couper le melon en cubes de 1 cm (1/2 po). Réserver.

3. Dans une grande casserole, combiner le jambon, les champignons et le bouillon et porter à ébullition. Ajouter les cubes et l'écorce du melon, et porter de nouveau à ébullition. Couvrir et cuire pendant 2 minutes. Réduire le feu et laisser mijoter pendant 5 minutes ou jusqu'à ce que le melon soit tendre. Retirer l'écorce et porter de nouveau à ébullition. Dans le cas du concombre, passer à l'étape suivante.

4. Ajouter les crevettes, le porc et le concombre s'il y a lieu, et faire encore bouillir une minute.

Donne 6 portions

Soupe aux tomates, à l'aubergine et au saumon

Cette soupe riche et réconfortante est encore meilleure réchauffée. Servez-la au dîner agrémentée de beignets à la vapeur. Pour plus de consistance, vous pouvez ajouter des cubes de pomme de terre ou du riz et la servir à titre de collation ou de repas léger. Pour varier, utilisez du saumon fumé, d'autres légumes, comme du cresson ou des feuilles de chrysanthème, ou encore des restes de légumes ou de viande. Voilà entre autres une excellente façon d'achever la dinde de Noël!

1,5 l	bouillon de poulet (p. 3) ou de légumes (p. 4)	6 tasses
1,5 kg	tomates épépinées et coupées en dés de 2,5 cm (1 po)	3 lb
2	oignons moyens, coupés en dés	2
5	tranches de gingembre	5
750 g	aubergine chinoise coupée en dés de 2,5 cm (1 po)	1 1/2 lb
20 ml	sauce de poisson	4 c. à thé
5 ml	poivre blanc	1 c. à thé
1	œuf, battu (facultatif)	1
375 g	épinards frais coupés grossièrement	3/4 lb
375 g	filet de saumon coupé en dés de 2,5 cm (1 po)	3/4 lb

1. Dans une grande casserole, combiner l'eau ou le bouillon, les tomates, les oignons et le gingembre et porter à ébullition. Réduire à feu moyen et laisser mijoter pendant 20 minutes.

2. Ajouter l'aubergine, couvrir et laisser mijoter pendant 20 minutes.

3. Ajouter la sauce de poisson et le poivre blanc. S'il y a lieu, incorporer l'œuf lentement tout en remuant.

4. Éteindre le feu, ajouter les épinards et le saumon. Couvrir et laisser reposer 5 minutes. Remuer doucement et servir immédiatement.

Donne 8 portions

Sauce de poisson
Nam pla, nuoc nam

La sauce de poisson est riche en vitamine B et en protéines. D'une saveur moins prononcée que la sauce de soja, elle rehausse de nombreux plats asiatiques dont, surtout, les plats de légumes. Sa forte odeur se dissipe à la cuisson.

Par portion :
169 calories
17 g glucides
17 g protéines
5 g gras
1 g gras saturé
53 mg cholestérol
6 g fibres
329 mg sodium
1 014 mg potassium
Excellente source de : vitamines A, D, B_6 et B_{12}, d'acide folique et de fibres
Bonne source de : vitamines E et C, riboflavine, niacine et fer

Soupe au vert jade et blanc

J'ai découvert cette soupe fraîche et toute simple pendant que je faisais des démonstrations de cuisine canadienne à Shanghai. Le cresson légèrement cuit conserve une saveur poivrée qui contraste avec la délicate texture de la soupe.

Porc et marinade :

125 g	porc maigre coupé en fines lanières	1/4 lb
1 ml	sel	1/4 c. à thé
1	pincée de poivre blanc	1
15 ml	sherry sec	1 c. à soupe
10 ml	fécule de maïs	2 c. à thé

Pour épaissir :

15 ml	fécule de maïs	1 c. à soupe
25 ml	bouillon de poulet froid (p. 3)	2 c. à soupe

250 g	cresson lavé, émincé	1/2 lb
1,5 l	bouillon de poulet ou de légumes (p. 4)	6 tasses
10 ml	gingembre frais émincé	2 c. à thé
500 g	tofu mou ou à consistance molle égoutté et coupé en dés de 15 mm (1/4 po)	1 lb
2 ml	poivre blanc	1/2 c. à thé
5 ml	sauce de soja	1 c. à thé
25 ml	oignon vert haché (facultatif)	2 c. à soupe

1. Préparer la marinade. Laisser macérer le porc au moins 30 minutes ou toute la nuit.

2. Délayer la fécule de maïs dans le bouillon de poulet froid. Réserver.

3. Faire blanchir le cresson, dans 1 l (4 tasses) d'eau bouillante pendant environ une minute ou jusqu'à ce que les feilles soient vert brillant et légèrement ramollies. Passer sous l'eau froide. Bien égoutter et hacher finement les feuilles.

4. Dans une grande casserole, porter le bouillon à ébullition. Ajouter le gingembre et le porc et laisser bouillir pendant une minute. Écumer.

5. Ajouter le tofu, porter de nouveau à ébullition et laisser cuire pendant 1 minute. Ajouter la fécule de maïs délayée et remuer la soupe jusqu'à ce qu'elle épaississe légèrement. Ajouter le cresson haché, remuer pour bien mélanger et porter à ébullition. Ajouter le poivre et la sauce de soja. Retirer du feu et garnir d'oignon vert haché avant de servir.

Donne 6 portions

Marinades

Faire mariner la viande ou le poisson en rehausse la saveur. La fécule de maïs conserve en plus l'humidité pendant la cuisson. Si vous craignez de manquer de temps, vous pouvez couper et préparer une plus grande quantité de viande et la faire mariner un ou deux jours à l'avance. Lorsque j'étais enfant, ma mère avait toujours du bœuf, du porc ou du poulet mariné en réserve pour que nous puissions nous préparer des collations avant de sortir.

Par portion :
95 calories
3 g glucides
11 g protéines
5 g gras
1 g gras saturé
12 mg cholestérol
2 g fibres
180 mg sodium
296 mg potassium
Excellente source de: vitamine E et de fer
Bonne source de: thiamine

Soupe au maïs et aux fruits de mer

Voici une variante d'une soupe très en vogue dans les restaurants cantonais. J'y ai ajouté des champignons pour la texture et, pour la rendre plus intéressante, j'ai substitué des asperges aux banals petits pois. Vous pouvez aussi utiliser du brocoli (bouquets ou tiges).

Pour épaissir :

15 ml	fécule de maïs	1 c. à soupe
25 ml	eau froide ou bouillon de poulet froid (p. 3)	2 c. à soupe
75 ml	champignons « oreille-de-nuage » blancs séchés	1/3 tasse
1,5 l	bouillon de poulet ou de porc (p. 8)	6 tasses
10 ml	gingembre émincé	2 c. à thé
1	boîte de maïs en crème de 540 ml (19 oz)	1
125 g	pétoncles en dés	1/4 lb
125 g	chair de crabe	1/4 lb
250 ml	asperges hachées	1 tasse
5 ml	huile de sésame	1 c. à thé
2 ml	poivre blanc	1/2 c. à thé
1	blanc d'œuf, battu	1

1. Délayer la fécule de maïs dans l'eau ou le bouillon froid. Réserver.

2. Faire tremper les champignons dans l'eau chaude pendant 15 minutes. Égoutter, enlever les parties écailleuses et hacher grossièrement.

3. Dans une grande casserole, porter à ébullition à feu vif le bouillon de poulet, le gingembre et les champignons pendant 1 minute. Réduire le feu à moyen. Ajouter le maïs, les pétoncles, la chair de crabe et les asperges, et faire bouillir pendant 2 minutes.

4. Assaisonner d'huile de sésame et de poivre. Ajouter le mélange de fécule de maïs, remuer et laisser bouillir jusqu'à ce que la soupe commence à épaissir.

5. Retirer du feu, verser lentement le blanc d'œuf battu tout en remuant la soupe pour faire des tourbillons. Servir.

Donne 6 portions

Champignons « oreille-de-nuage »

Champignons blancs des bois

Les champignons blancs « oreille-de-nuage » séchés se vendent dans les herboristeries et les épiceries chinoises. Ils ressemblent à une éponge lâche un peu plus grosse qu'une balle de ping-pong et leur couleur varie de jaune brunâtre à blanc. Les gros champignons blancs sont réputés pour dégager la saveur la plus fine.

Pour les préparer, faites-les tremper dans l'eau chaude pendant 15 à 20 minutes et enlevez la base écailleuse. Ils gonflent et triplent de volume.

Par portion :
134 calories
22 g glucides
11 g protéines
2 g gras
traces gras saturé
21 mg cholestérol
2 g fibres
400 mg sodium
389 mg potassium
Excellente source de : vitamine B_{12} et d'acide folique
Bonne source de : zinc

Vinaigre rouge chinois

Le vinaigre de cidre est facile à trouver et convient à ces recettes, mais le vinaigre rouge chinois est encore meilleur. Le vinaigre de marque Chinkiang est très en vogue. Combinez 15 ml (1 c. à soupe) de gingembre frais et 50 ml (1/4 tasse) de vinaigre rouge. Laissez mariner pendant 30 minutes et servez avec la soupe aigre-piquante si vous la préférez plus aigre que piquante. Le vinaigre au gingembre peut aussi servir de sauce pour les beignets cuits à la vapeur.

Soupe au poulet aigre-piquante

Poulet et marinade :

125 g	poitrine de poulet désossée et sans la peau coupée en fines lanières	1/4 lb
0,5 ml	sel	1/8 c. à thé
15 ml	sherry sec ou vin de cuisson chinois	1 c. à soupe
10 ml	fécule de maïs	2 c. à thé
125 ml	noix de lotus séchées	1/2 tasse
3	champignons chinois séchés	3

Assaisonnements :

15 ml	sauce de soja	1 c. à soupe
5 ml	huile de sésame	1 c. à thé
45 ml	vinaigre de cidre ou vinaigre rouge chinois	3 c. à soupe
2 ml	poivre	1/2 c. à thé
1-2 ml	sauce Tabasco	1/4 - 1/2 c. à thé

Pour épaissir :

15 ml	fécule de maïs	1 c. à soupe
25 ml	eau	2 c. à soupe
1,5 l	bouillon de poulet (p. 3) ou de crevettes (p. 6)	6 tasses
125 ml	champignons de Paris	1/2 tasse
500 g	tofu mi-ferme coupé en dés	1 lb
500 ml	jeunes feuilles d'épinards	2 tasses
50 ml	feuilles de coriandre	1/4 tasse

1. Laisser macérer le poulet dans la marinade pendant 20 minutes ou toute la nuit.

2. Faire tremper les noix de lotus et les champignons séchés séparément dans une tasse d'eau chaude pendant 15 minutes. Filtrer l'eau des champignons et réserver; trancher les champignons. Égoutter les noix de lotus.

3. Combiner les assaisonnements, sauf la sauce Tabasco. Réserver.

4. Délayer la fécule de maïs dans l'eau et réserver.

5. Dans une grande casserole, combiner l'eau des champignons et le bouillon et porter à ébullition à feu vif. Ajouter les noix de lotus, les champignons chinois et les champignons tranchés et cuire pendant 2 minutes. Ajouter le poulet et cuire encore pendant 2 minutes. Ajouter les assaisonnements et poursuivre la cuisson pendant une minute. Selon le goût, ajouter de la sauce Tabasco et du vinaigre.

6. Réduire à feu moyen, ajouter le tofu et les épinards. Porter à ébullition et remuer doucement pour bien mélanger. Ajouter la fécule de maïs délayée, mélanger et laisser cuire jusqu'à ce que la soupe commence à épaissir. Garnir de feuilles de coriandre et servir immédiatement.

Donne 6 portions

Par portion :
118 calories
7 g glucides
13 g protéines
5 g gras
1 g gras saturé
16 mg cholestérol
2 g fibres
253 mg sodium
314 mg potassium
Excellente source de : vitamine E et de fer
Bonne source de : vitamines D, B_{12} et d'acide folique

Chou en saumure à la chinoise

Les légumes marinés, habituellement en saumure, surtout ceux de la famille de la moutarde ou du chou, sont couramment utilisés à titre d'assaisonnement dans la cuisine chinoise. Ma marque préférée est Tianjin Preserved Vegetable; les légumes sont présentés dans de jolis pots en grès. Ils rehaussent la saveur des soupes et des plats de légumes. Vous pouvez même en ajouter dans une omelette à l'oignon vert.

Par portion :
152 calories
4 g glucides
26 g protéines
3 g gras
traces gras saturé
45 mg cholestérol
1 g fibres
248 mg sodium
640 mg potassium
Excellente source de : vitamine B_{12}.
Bonne source de : vitamines D, E et B_6 et d'acide folique

Soupe aux boulettes de poisson et aux algues

Voici une soupe très appréciée au Chiu Chow, région du sud de la Chine d'où viennent mes parents. Le chou « d'hiver » en saumure lui confère une saveur régionale toute particulière. Si vous voulez la servir comme plat principal, ajoutez-y des nouilles udon ou des nouilles de riz et assaisonnez au goût.

1 l	**bouillon de poulet (p. 3) ou de porc (p. 8)**	**4 tasses**
3	**tranches de gingembre**	**3**
15 ml	**chou en saumure à la chinoise (facultatif)**	**1 c. à soupe**
1	**recette de boulettes de poisson (page suivante)**	**1**
8 à 10	**feuilles de laitue**	**8 à 10**
2	**feuilles d'algues nori, grillées et coupées en fines lanières**	**2**
25 ml	**feuilles de coriandre hachées**	**2 c. à soupe**
5 ml	**huile de sésame (facultatif)**	**1 c. à thé**

1. Dans une casserole, porter le bouillon à ébullition. Ajouter le gingembre, le chou en saumure et les boulettes de poisson et cuire pendant 2 minutes.

2. Ajouter les feuilles de laitue et les algues nori et faire cuire pendant 1 minute en remuant pour bien mélanger.

3. Garnir de feuilles de coriandre et d'huile de sésame, et servir.

Donne 4 portions

Boulettes de poisson

Je garde un bon souvenir de la mère Chang qui venait beau temps mauvais temps à la grille de notre cour d'école à Hong Kong offrir ses boulettes de poisson fumantes, trempées dans la sauce de soja. Aujourd'hui, on peut trouver dans les restaurants chinois de nombreuses variantes de ce plat au porc, au bœuf, au poisson, aux crevettes et même au calmar.

On peut se servir de cette recette pour faire des beignets frits à l'aide d'un soupçon d'huile dans une poêle antiadhésive. Ces beignets peuvent être incorporés dans des sautés, utilisés dans les dim sum ou mangés tels quels.

15 ml	crevettes séchées (facultatif)	1 c. à soupe
25 ml	eau chaude	2 c. à soupe
500 g	filet de rouget ou d'autre poisson blanc sans la peau, haché grossièrement	1 lb
1	blanc d'œuf	1
10 ml	fécule de maïs	2 c. à thé
45 ml	oignon vert finement haché	3 c. à soupe
15 ml	jus de gingembre (p. 48)	1 c. à soupe
15 ml	sherry sec	1 c. à soupe
2 ml	poivre blanc	1/4 c. à thé
1 ml	sel	1/4 c. à thé

1. Faire tremper les crevettes séchées dans l'eau chaude jusqu'à ce qu'elles ramollissent, environ 30 minutes. Réserver le liquide, égoutter et émincer les crevettes.

2. Combiner tous les ingrédients y compris l'eau des crevettes dans un mélangeur et réduire en une pâte onctueuse.

3. Verser environ 8 cm d'eau (3 po) dans une grande casserole. Se laver les mains et les garder humides. Confectionner des boulettes en utilisant environ 7 ml (1/2 c. à soupe) de pâte de poisson par boulette. Déposer délicatement les boulettes dans l'eau froide.

4. Porter lentement l'eau à ébullition à feu moyen. Lorsque les boulettes de poisson montent à la surface, les enlever à l'aide d'une cuillère trouée et les déposer dans de l'eau glacée. Les égoutter lorsqu'elles sont complètement refroidies. Bien emballées, les boulettes de poisson se conserveront au réfrigérateur pendant un ou deux jours.

Donne 4 portions

Par portion :
130 calories
2 g glucides
25 g protéines
2 g gras
traces gras saturé
45 mg cholestérol
traces fibres
223 mg sodium
511 mg potassium
Excellente source de :
vitamine B_{12}
Bonne source de :
vitamines D et B_6

Riz cuit à la vapeur

Toutes nos recettes peuvent être accompagnées de riz cuit à la vapeur. Un repas pour quatre personnes peut offrir trois mets, plus du riz. Chez moi, le riz est toujours en train de mijoter lorsque j'entreprends les dernières étapes de la préparation du dîner.

Les proportions indiquées dans cette recette (1 part de riz pour 1 1/3 part d'eau), conviennent à la cuisson du riz à grains longs ou courts et du riz rouge. Bon nombre de Chinois créent leur propre mélange de riz. Personnellement, je préfère combiner des parts égales de riz au jasmin de Thaïlande et de riz à grains courts du Japon. Ce mélange marie agréablement la fragrance du riz au jasmin, semblable à celle du riz basmati, avec la texture collante et farineuse du riz à grains courts.

500 ml	**riz à grains longs ou autre**	**2 tasses**
650 ml	**eau froide**	**2 2/3 tasses**

1. Dans une casserole épaisse munie d'un couvercle étanche, rincer le riz dans environ 1 1/4 tasse d'eau, en remuant les grains pour les débarrasser des impuretés et de l'excès d'amidon. Égoutter.

2. Ajouter au riz 650 ml (2 2/3 tasses) d'eau et porter à ébullition à feu moyen-vif. Réduire la chaleur et laisser mijoter le riz, couvert, à feu doux pendant 20 minutes en veillant à ce que toute l'eau soit absorbée et que les grains se détachent bien. Régler avec soin la température de cuisson afin que le riz mijote à peine.

3. Retirer du feu. Couvrir hermétiquement et laisser reposer pendant 10 minutes. Remuer pour séparer les grains et servir.

Donne environ 1,5 litre (6 tasses)

Par portion :
337 calories
74 g glucides
7 g protéines
1 g gras
traces gras saturé
0 mg cholestérol
1 g fibres
9 mg sodium
106 mg potassium

Riz brun au gingembre

Peu raffiné aux yeux des Chinois, le riz brun est rare dans leur cuisine. Pour ma part, j'apprécie grandement la saveur de noisette et la valeur nutritive du riz brun. Doté d'une saveur encore plus riche par les ajouts de la recette suivante, il accompagne merveilleusement l'osso buco d'agneau à la chinoise (p. 88-89). Froid, ce riz constitue un bon ingrédient de base pour la confection de sushi.

500 ml	**riz brun**	**2 tasses**
575 ml	**eau**	**2 1/3 tasses**
25 ml	**gingembre émincé**	**2 c. à soupe**
1	**gros œuf, battu**	**1**
10 ml	**vinaigre de riz japonais**	**2 c. à thé**

1. Rincer le riz, puis le faire tremper pendant une trentaine de minutes dans suffisamment d'eau froide pour le recouvrir. Égoutter.

2. Dans une casserole épaisse, combiner le riz, l'eau et le gingembre; couvrir partiellement et porter à ébullition à feu vif. Réduire à feu doux et laisser mijoter couvert jusqu'à ce que le liquide soit complètement absorbé, environ 30 minutes.

3. Retirer du feu et laisser reposer pendant 10 minutes. Remuer pour séparer les grains de riz, incorporer l'œuf battu et mélanger le tout. Couvrir et laisser reposer pendant 5 minutes pour laisser cuire l'œuf.

4. Ajouter le vinaigre, remuer et servir.

Donne 4 portions

Par portion :
362 calories
72 g glucides
9 g protéines
4 g gras
1 g gras saturé
53 mg cholestérol
3 g fibres
23 mg sodium
237 mg potassium
Bonne source de :
vitamines E et B_6, fibres, thiamine, niacine, et zinc

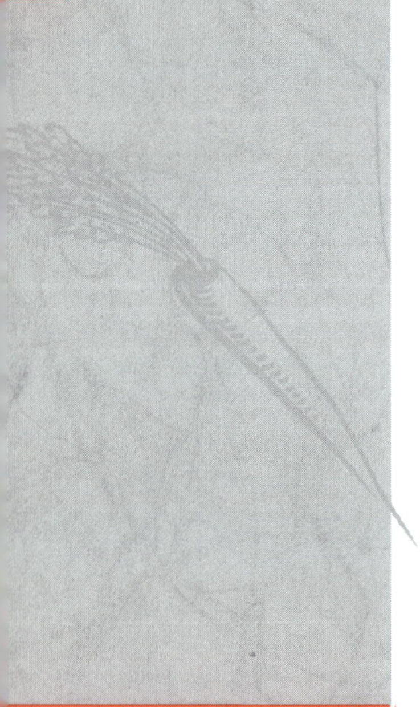

Riz rouge frit aux légumes

Voir photo, page 13

Avec un peu d'imagination, les plats de riz frit permettent de réaliser un délicieux repas à partir de restes. En général, on coupe la viande et les légumes en petits dés et on s'assure que le riz est bien cuit.

Ici, on trouvera des quantités égales de riz à grains courts et de riz rouge pour accentuer la couleur du plat et obtenir une texture légèrement croquante.

2	**gros œufs, battus**	**2**
15 ml	**huile de canola**	**1 c. à soupe**
5 ml	**ail émincé**	**1 c. à thé**
5 ml	**gingembre émincé**	**1 c. à thé**
5	**champignons chinois séchés, réhydratés, égouttés et coupés en dés**	**5**
250 ml	**pois mange-tout, équeutés et coupés diagonalement en 3 morceaux**	**1 tasse**
175 ml	**carottes en dés**	**$^{3}/_{4}$ tasse**
250 ml	**champignons frais tranchés**	**1 tasse**
2 ml	**sel**	**$^{1}/_{2}$ c. à thé**
15 ml	**bouillon de légumes (p. 4) ou bouillon de poulet (p. 3)**	**1 c. à soupe**
1 l	**riz rouge cuit, refroidi**	**4 tasses**
50 ml	**bouillon de légumes ou de poulet**	**$^{1}/_{4}$ tasse**
15 ml	**sauce de soja**	**1 c. à soupe**
125 ml	**oignon vert haché**	**$^{1}/_{2}$ tasse**
1 ml	**poivre noir**	**$^{1}/_{4}$ c. à thé**

1. Chauffer à feu moyen une poêle ou un wok antiadhésifs. Cuire les œufs sous forme d'omelette. Tourner et cuire rapidement l'autre côté. Retirer et couper en carrés de 1 cm ($^{1}/_{2}$ po). Réserver.
2. Verser l'huile dans le wok ou la poêle et chauffer à feu moyen-vif. Ajouter tous les légumes sauf l'oignon vert et faire revenir pendant 1 minute. Saler. Ajouter les 15 ml (1 c. à soupe) de bouillon de poulet et couvrir. Poursuivre la cuisson pendant encore 1 minute.
3. Ajouter le riz et faire revenir le tout pendant environ 2 minutes en remuant jusqu'à ce que le riz soit bien mélangé et suffisamment réchauffé pour dégager de la vapeur.
4. Ajouter les 50 ml ($^{1}/_{4}$ tasse) de bouillon de poulet et la sauce de soja; bien remuer pendant 1 ou 2 minutes.
5. Incorporer les œufs et l'oignon vert: remuer pour bien mélanger. Poivrer et servir.

Donne 4 portions

Par portion :
323 calories
56 g glucides
10 g protéines
7 g gras
1 g gras saturé
106 mg cholestérol
6 g fibres
567 mg sodium
355 mg potassium
Excellente source de : vitamines A, D, et E, d'acide folique et de fibres
Bonne source de : vitamines C et B_6, thiamine, riboflavine, niacine, fer et zinc

Nouilles sautées à la Singapour

Voir photo, page 13

Provenant sans doute du sud-est de l'Asie, ce plat figure maintenant sur les menus de tous les restaurants chinois du monde.

250 g	**nouilles de riz séchées**	**½ lb**
2	**œufs, battus**	**2**
20 ml	**huile de canola, divisée en 2 portions**	**4 c. à thé**
170 g	**petites crevettes crues, décortiquées**	**⅓ lb**
125 g	**porc barbecue (p. 97), coupé en fines lanières**	**¼ lb**
175 ml	**céleri finement tranché en diagonale**	**¾ tasse**
125 ml	**oignon vert haché**	**½ tasse**
25 ml	**poudre de cari**	**2 c. à soupe**
250 ml	**bouillon épaissi vite fait (p. 2)**	**1 tasse**
15 ml	**sauce de soja**	**1 c. à soupe**
500 ml	**germes de soja bien tassés**	**2 tasses**
15 ml	**coriandre hachée**	**1 c. à soupe**
	Poivre au goût	

1. Couvrir les nouilles d'eau chaude et laisser tremper jusqu'à ce qu'elles ramollissent, environ 15 minutes. Égoutter et réserver.

2. Chauffer une poêle antiadhésive à feu moyen. Y étendre les œufs en couche mince. Tourner les œufs et cuire rapidement. Couper l'omelette en fines lanières et réserver.

3. Dans une poêle ou un wok antiadhésifs, chauffer 10 ml (2 c. à thé) d'huile à feu vif. Ajouter les crevettes et faire revenir pendant 1 minute. Incorporer le porc barbecue et le céleri : faire revenir pendant 1 minute. Retirer du feu, et ajouter l'oignon vert et les lanières d'omelette. Retirer de la poêle ou du wok.

4. Dans le même récipient, chauffer à feu moyen les 10 ml (2 c. à thé) d'huile qui restent. Ajouter la poudre de cari et mélanger pendant 20 secondes. Incorporer les nouilles et bien mélanger le tout. Ajouter le bouillon épaissi et la sauce de soja, bien brasser. Couvrir et poursuivre la cuisson pendant 2 minutes.

5. Ajouter le mélange de crevettes et de porc, bien mélanger et cuire à feu moyen-vif jusqu'à ce que le liquide soit complètement absorbé. Ajouter les germes de soja et bien mélanger. Garnir de coriandre et assaisonner de poivre fraîchement moulu, au goût. Servir immédiatement.

Donne 4 portions

Nouilles de riz séchées

Parfois appelées vermicelle de riz, ces nouilles proviennent de Chine ou du sud-est de l'Asie. Blanches ou blanc cassé, elles se vendent généralement séchées et emballées dans du plastique. Il faut les réhydrater avant de les utiliser, les plus épaisses dans de l'eau chaude et les plus minces dans de l'eau froide. Ne les confondez pas avec les nouilles de fèves « mungo », couramment appelées nouilles « transparentes », minces comme des fils et claires lorsqu'elles sont cuites.

Par portion :
361 calories
47 g glucides
19 g protéines
11 g gras
2 g gras saturé
177 mg cholestérol
3 g fibres
761 mg sodium
380 mg potassium
Excellente source de : vitamines D et B_{12} et fer
Bonne source de : zinc, thiamine, riboflavine, d'acide folique et de fibres

Nouilles de Shanghai

Ces nouilles de blé sans œufs constituent un aliment de base dans le nord de la Chine. Les nouilles de Shanghai sont rondes et leur diamètre varie du vermicelle aux nouilles udon. Je recommande les nouilles crues parce qu'elles sont recouvertes d'une couche de farine plutôt que d'huile pour bien les détacher. Les variétés les plus fines sont généralement utilisées dans les potages, tandis que les plus épaisses accompagnent les plats de résistance. Les pâtes fraîches ou séchées, plus particulièrement les fettucine, peuvent très bien les remplacer.

Par portion :
304 calories
33 g glucides
25 g protéines
8 g gras
2 g gras saturé
50 mg cholestérol
3 g fibres
664 mg de sodium
465 mg de potassium
Excellente source de: vitamines C et B_{12}, et zinc
Bonne source de: fibres, d'acide folique et de fer

Bœuf au poivre et nouilles de Shanghai

Mon amour du steak au poivre comprend évidemment sa version chinoise. Surtout, n'hésitez pas à modifier la recette suivante. Par exemple, vous pouvez omettre les nouilles et doubler la quantité de bœuf.

Bœuf et marinade :

250 g	bifteck de surlonge sans gras et coupé en fines lanières	1/2 lb
15 ml	sauce d'huîtres	1 c. à soupe
7 ml	sauce de soja	1 1/2 c. à thé
5 ml	poivre noir grossièrement moulu	1 c. à thé
7 ml	fécule de maïs	1 1/2 c. à thé

Sauce :

15 ml	sauce de soja	1 c. à soupe
125 ml	bouillon de veau (p. 7) ou bouillon épaissi vite fait (p. 2)	1/2 tasse
5 ml	poudre de cinq épices	1 c. à thé
25 ml	sherry sec	2 c. à soupe

500 g	nouilles de Shanghai ou fettucine	1 lb
15 ml	huile de canola	1 c. à soupe
45 ml	échalotes finement hachées	3 c. à soupe
4	gousses d'ail, finement hachées	4
175 ml	lanières de poivron vert	3/4 tasse
175 ml	lanières de poivron rouge	3/4 tasse
250 ml	germes de soja bien tassés	1 tasse

1. Combiner le bœuf et les ingrédients pour la marinade; laisser macérer pendant 20 minutes.

2. Combiner les ingrédients pour la sauce et réserver.

3. Cuire les nouilles dans l'eau bouillante pendant 2 minutes. Ne pas trop cuire. Rincer à l'eau froide, égoutter et réserver.

4. Chauffer une poêle ou un wok antiadhésifs à feu vif et ajouter l'huile. Ajouter l'échalote et l'ail; faire revenir pendant environ 30 secondes. Incorporer le bœuf et faire revenir pendant 2 minutes en remuant bien pour détacher les morceaux. Ajouter les lanières de poivron vert et de poivron rouge : faire revenir pendant 2 minutes. Retirer de la poêle.

5. Verser les ingrédients de la sauce dans la poêle ou le wok : faire parvenir à ébullition. Ajouter les nouilles et remuer constamment.

6. Ajouter le mélange de bœuf et de poivrons, et les germes de soja; bien mélanger. Ajouter du poivre fraîchement moulu, au goût, et servir.

Donne 4 portions

Fettucine aux épinards et crevettes Moo Shu

Le porc Moo Shu, traditionnellement enveloppé dans de fines crêpes de blé, est une célèbre spécialité de Shanghai. Je suis tombé sur la version suivante de ce plat dans un restaurant du quartier chinois de Seattle.

Assaisonnement :

50 ml	sherry sec	1/4 tasse
20 ml	sauce hoisin	4 c. à thé
20 ml	sauce de poisson	4 c. à thé
25 ml	eau	2 c. à soupe
375 g	fettucine frais aux épinards	3/4 tasse
2	gros œufs, battus	2
15 ml	huile de canola	1 c. à soupe
15 ml	gingembre finement haché	1 c. à soupe
15 ml	ail émincé	1 c. à soupe
50 ml	champignons oreille-de-judas, réhydratés et grossièrement coupés	1/4 tasse
50 ml	de noix de lotus séchées, réhydratées et coupées en lanières	1/4 tasse
24	crevettes géantes, décortiquées et nettoyées	24
250 ml	bouillon épaissi vite fait (p. 2)	1 tasse
1 ml	poivre	1/4 c. à thé
25 ml	coriandre fraîche hachée	2 c. à soupe

1. Combiner les assaisonnements et réserver.

2. Cuire les pâtes dans l'eau bouillante jusqu'à ce qu'elles soient *al dente*. Rincer à l'eau froide, égoutter et réserver.

3. Préchauffer à feu moyen une grande poêle ou un wok antiadhésifs. Cuire les œufs en une mince omelette. Tourner et cuire rapidement de l'autre côté. Retirer et couper en fines lamelles. Réserver.

4. Chauffer l'huile dans le même récipient. Ajouter le gingembre, l'ail, les champignons et les noix de lotus : faire revenir pendant 30 secondes. Ajouter les crevettes et faire revenir jusqu'à ce qu'elles deviennent roses et opaques. Retirer.

5. Verser le bouillon épaissi dans la poêle ou le wok. Lorsqu'il mijote, ajouter les fettucine et remuer pour bien les réchauffer. Ajouter les assaisonnements, les lamelles d'omelettes et le mélange de crevettes : mélanger. Poivrer et garnir de coriandre. Servir.

Donne 4 portions

Champignon oreille-de-judas
Champignon mousse noire
Champignon noir

En médecine chinoise, ce champignon est réputé pour ses effets sur le système circulatoire. En cuisine, on y recourt davantage pour sa texture que pour son goût. On trouve des champignons oreille-de-judas et des champignons « oreille-de-nuage » dans la section des aliments séchés de tout marché d'alimentation asiatique. Avant la cuisson, faites-les tremper dans de l'eau chaude pendant environ 20 minutes, puis égouttez-les; enlevez les morceaux durs et écailleux. Une fois réhydratés, ils multiplient plusieurs fois leur volume.

Par portion :
303 calories
36 g glucides
17 g protéines
7 g gras
1 g gras saturé
208 mg cholestérol
2 g fibres
890 mg sodium
253 mg potassium
Excellente source de : vitamines D et B_{12}
Bonne source de : acide folique, fer, thiamine et zinc

Bouchées au poulet à la vapeur

Deux jours avant le nouvel An chinois, les enfants travaillent à la chaîne pour confectionner des chiao-tsu. On les ajoutera à quelque potage, ou on les cuira à la vapeur ou à l'huile quand viendront des amis ou des parents.

Sauce :

125 ml	**vinaigre noir chinois ou balsamique**	**½ tasse**
25 ml	**gingembre pelé et coupé en fines lamelles**	**2 c. à soupe**

Bouchées :

625 g	**poulet haché, sans la peau**	**1¼ lb**
15 ml	**gingembre frais émincé**	**1 c. à soupe**
125 ml	**ciboulette chinoise finement hachée**	**½ tasse**
5 ml	**ail émincé**	**1 c. à thé**
1	**boîte de 213 ml (7½ oz) de châtaignes d'eau, égouttées et émincées**	**1**
10 ml	**huile de sésame**	**2 c. à thé**
25 ml	**sauce de soja**	**2 c. à soupe**
25 ml	**sherry sec**	**2 c. à soupe**
25 ml	**bouillon de poulet (p. 3)**	**2 c. à soupe**
2 ml	**poivre blanc**	**½ c. à thé**
10 ml	**fécule de maïs**	**2 c. à thé**
1	**paquet de wontons ronds ou de gyoza**	**1**
3	**grosses carottes, tranchées minces (facultatif)**	**3**

1. Combiner les ingrédients de la sauce et réserver.

2. Combiner la suite des ingrédients des bouchées jusqu'à la fécule de maïs. Mélanger et battre vigoureusement dans le même sens pendant environ 5 minutes pour incorporer de l'air dans le mélange.

3. Ajouter la fécule de maïs et bien mélanger. Couvrir et réfrigérer pendant au moins 30 minutes.

4. Pour confectionner les bouchées, déposer environ 7 ml (1¼ c. à thé) de farce au centre d'une feuille de wonton ou de gyoza. Humecter les bords intérieurs et plier la feuille en deux pour emprisonner la farce dans une pochette. Sceller les bords en les pressant et faire de petites pinces.

5. Faire chauffer le panier à vapeur (p. 50) à feu moyen. Graisser légèrement le panier ou placer une tranche de carotte sous chaque bouchée pour les empêcher de coller. Ne pas superposer les bouchées et bien les espacer. Cuire à la vapeur un petit nombre de bouchées à la fois pendant 7 ou 8 minutes. Servir avec la sauce chaude.

Donne 6 portions

Par portion :
449 calories
51 g glucides
36 g protéines
10 g gras
2 g gras saturé
91 mg cholestérol
1 g fibres
864 mg sodium
411 mg potassium
Excellente source de : thiamine, riboflavine, niacine et fer
Bonne source de : vitamine B_6, zinc

Bouchées au porc bouillies

Si le poulet ou le porc ne vous inspirent pas, remplacez-les par des crevettes grossièrement coupées et de la ciboulette, par du saumon assaisonné de gingembre et d'échalote.

Sauce :

5 ml	huile de sésame	1 c. à thé
7 ml	pâte de piments forts ou pâte de haricots noirs pimentée	1½ c. à thé
50 ml	vinaigre rouge chinois ou vinaigre de cidre	¼ tasse

Bouchées:

50 ml	champignons oreille-de-judas, réhydratés et émincés	¼ tasse
500 g	porc maigre émincé	1 lb
15 ml	gingembre pelé et finement râpé	1 c. à soupe
50 ml	oignon vert haché	¼ tasse
2 ml	ail émincé	½ c. à thé
5 ml	sel	1 c. à thé
15 ml	sherry sec	1 c. à soupe
15 ml	bouillon de poulet (p. 3)	1 c. à soupe
2 ml	poivre blanc	½ c. à thé
10 ml	fécule de maïs	2 c. à thé
250 ml	feuilles de sui choy ou de chou de Savoie, finement hachées et bien tassées	1 tasse
1	paquet de wontons ronds ou de gyoza	1

1. Combiner les ingrédients de la sauce et réserver.
2. Combiner tous les ingrédients des bouchées, sauf les wontons ou gyoza. Bien mélanger.
3. Pour confectionner les bouchées, déposer environ 7 ml (1½ c. à thé) de farce au centre d'une feuille wonton. Humectez les bords intérieurs et plier la feuille en deux pour emprisonner la farce dans une pochette. Sceller les bords en les pressant et faire de petites pinces. Donne entre 25 et 30 bouchées.
4. Remplir une grande casserole d'eau jusqu'à moitié, environ 4 l (16 tasses), et porter à ébullition à feu vif. Plonger les bouchées et remuer délicatement pour éviter qu'elles ne collent les unes aux autres. Lorsqu'elles remontent à la surface, ajouter environ 250 ml (1 tasse) d'eau froide. Lorsqu'elles émergent de nouveau, refaire la même opération. À la troisième émergence, vérifier si elles sont cuites.
5. Retirer les bouchées. Les servir chaudes nappées de sauce.

Donne 6 portions

Par portion :
347 calories
47 g glucides
25 g protéines
6 g gras
2 g gras saturé
54 mg cholestérol
1 g fibres
858 mg sodium
465 mg potassium
Excellente source de:
vitamine B_{12}, thiamine, riboflavine, niacine, fer et zinc
Bonne source de:
vitamine B_6

Rouleaux aux nouilles et au poulet

Ces rouleaux se servent en guise d'entrée, mais ils constituent aussi un dîner très satisfaisant. Vous pouvez garder la farce au réfrigérateur en vue de confectionner les rouleaux et les faire cuire à la vapeur juste avant le repas.

6	champignons chinois séchés	6
125 ml	eau chaude	1/2 tasse

Poulet et marinade :

250 g	poitrines de poulet désossées, coupées en fines lanières	1/2 lb
10 ml	sherry sec	2 c. à thé
10 ml	fécule de maïs	2 c. à thé

Farce :

7 ml	huile de canola	1 1/2 c. à thé
10 ml	gingembre émincé	2 c. à thé
5 ml	flocons de piment rouge	1 c. à thé
500 ml	ciboulette chinoise coupée en bouts de 5 cm (2 po)	2 tasses
250 ml	pousses de bambou coupées en julienne	1 tasse

Sauce :

50 ml	eau des champignons	1/4 tasse
7 ml	sauce d'huîtres	1 1/2 c. à thé
7 ml	sauce de soja	1 1/2 c. à thé

8	feuilles de papier de riz vietnamien 20 cm (8 po) de diamètre	8
5 ml	huile de sésame	1 c. à thé
15 ml	flocons d'ail et d'oignon grillés (p. 122, étape 2)	1 c. à soupe
15 ml	oignon vert finement haché (facultatif)	1 c. à soupe

1. Faire tremper les champignons séchés dans de l'eau chaude pendant 20 minutes. Filtrer l'eau et réserver. Trancher les champignons en fines lanières.

2. Combiner le poulet et les ingrédients de la marinade. Réserver.

3. Chauffer l'huile à feu moyen-vif dans une poêle ou un wok antiadhésifs. Ajouter le gingembre, les flocons de piment et le poulet : faire revenir pendant 1 minute. Ajouter tous les légumes, y compris les champignons, et faire revenir pendant 2 minutes. Incorporer les ingrédients de la sauce et laisser cuire jusqu'à ce que le liquide soit presque entièrement absorbé. Transférer dans un bol et laisser refroidir légèrement.

4. Dans le panier à vapeur, déposer une grande assiette enduite d'un peu d'huile de sésame. Préchauffer.

5. Pour confectionner les rouleaux, remplir un grand bol d'eau bouillante ou très chaude jusqu'à moitié. Lorsque la farce est prête, tremper une à une les feuilles de riz dans l'eau chaude pendant 3 à 5 secondes afin qu'elles ramollissent. Les retirer avec des pinces et les placer côte à côte sur une surface sèche. Mettre de 25 à 45 ml (2 à 3 c. à soupe) de farce sur la moitié inférieure de chaque feuille de riz. Rabattre la base et les côtés vers l'intérieur et faire un rouleau bien serré. Répéter la même opération pour les 8 feuilles de papier de riz. Placer les rouleaux sur l'assiette graissée, couture en dessous. Badigeonner légèrement le dessus avec de l'huile de sésame.

6. Cuire à la vapeur pendant 3 minutes. Garnir d'oignons verts, et de flocons d'ail et d'oignon (facultatif). À l'aide de ciseaux, couper les rouleaux en quatre bouchées avant de les servir.

Donne 4 portions

Instructions pour confectionner les rouleaux :

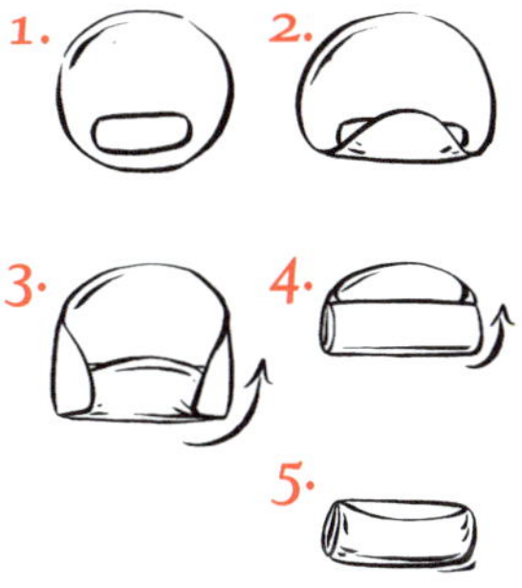

Par portion :
229 calories
28 g glucides
17 g protéines
5 g gras
1 g gras saturé
34 mg cholestérol
2 g fibres
428 mg sodium
362 mg potassium
Excellente source de : vitamine D, niacine
Bonne source de : vitamine B_6, d'acide folique et de zinc

Les graisses solides et les huiles

Pour confectionner la pâte, nous avons utilisé de l'huile au lieu du lard traditionnel. Le lard contient 43 % de gras saturé et 12 mg de cholestérol par cuillerée à table, tandis que l'huile végétale, comme l'huile de canola, ne renferme que 7 % de gras saturé et pas de cholestérol. Autant que possible, substituez l'huile végétale aux graisses solides, telles que le lard, le beurre (68 % de gras saturé) ou le suif (48 % de gras saturé). Tâchez également de réduire à un quart ou même à une demie la proportion de gras suggérée dans les recettes. (Ces modifications sont évidemment plus risquées quand il s'agit de la boulangerie ou de la pâtisserie.)

Par portion :
274 calories
28 g glucides
20 g protéines
8 g gras
2 g gras saturé
51 mg cholestérol
1 g fibres
221 mg sodium
199 mg potassium
Excellente source de : niacine
Bonne source de : vitamine B_6, thiamine, riboflavine, fer et zinc

Beignets au poulet à la vapeur

Pâte :

625 ml	farine tout usage	2½ tasses
17 ml	poudre à pâte	3½ c. à thé
45 ml	sucre en poudre	3 c. à soupe
25 ml	huile de canola	2 c. à soupe
175 ml	eau tiède	¾ tasse
2 ml	vinaigre blanc	½ c. à thé
10	feuilles de papier ciré ou de papier parcheminé, coupées en carrés de 8 cm (3 po)	10

Farce :

625 g	poulet haché, sans la peau	1¼ lb
15 ml	gingembre pelé et finement râpé	1 c. à soupe
125 ml	ciboulette chinoise finement hachée	½ tasse
5 ml	ail émincé	1 c. à thé
1	boîte de 213 ml (7½ oz) de châtaignes d'eau égouttées et finement hachées	1
10 ml	huile de sésame	2 c. à thé
25 ml	sauce de soja	2 c. à soupe
25 ml	sherry sec	2 c. à soupe
25 ml	bouillon de poulet (p. 3) ou riche bouillon de porc (p. 8)	2 c. à soupe
2 ml	poivre blanc	½ c. à thé
10 ml	fécule de maïs	2 c. à thé

1. Tamiser ensemble la farine et la poudre à pâte. Ajouter le sucre, puis faire pénétrer l'huile avec le bout des doigts. Combiner l'eau et le vinaigre : ajouter lentement ce liquide au mélange de farine en brassant bien. Pétrir le tout pour obtenir une pâte assez molle. Façonner en boule, couvrir et laisser reposer pendant 30 minutes.

2. Entre-temps, combiner tous les ingrédients de la farce et bien les mélanger. Réfrigérer.

3. Pour confectionner les beignets, diviser la pâte en 10 petites boules. Sur une surface légèrement enfarinée et au moyen d'un rouleau à pâte, former des galettes de 10 cm (4 po) de diamètre. Déposer une cuillerée de farce au centre de chaque galette et rabattre les bords vers le centre. Presser les bords pour bien les sceller. Placer chaque beignet sur un carré de papier, coutures en dessous.

4. Chauffer un panier à vapeur (p. 50), y disposer les beignets, couvrir et cuire pendant 20 minutes. Servir chaud.

Donne 10 portions

Filets de vivaneau poêlés et ratatouille à la chinoise, page 54

Canapés aux crevettes

Mes enfants ne sont jamais rassasiés de ces bouchées de dim sun. Traditionnellement, le mélange est cuit à grande friture, mais la cuisson au four donne d'aussi bons résultats.

6	**tranches de pain**	**6**

Mélange aux crevettes :

375 g	**crevettes crues décortiquées et nettoyées**	**3/4 lb**
1	**blanc d'œuf**	**1**
2 ml	**sel**	**1/2 c. à thé**
1 ml	**poivre blanc**	**1/4 c. à thé**
7 ml	**fécule de maïs**	**1 1/2 c. à thé**
15 ml	**coriandre finement hachée**	**1 c. à soupe**
25 ml	**ciboulette chinoise finement hachée**	**2 c. à soupe**
10 ml	**gingembre émincé**	**2 c. à thé**
25 ml	**mirin ou sherry moyen**	**2 c. à soupe**
125 ml	**châtaignes d'eau hachées**	**1/2 tasse**

10 ml	**huile de sésame**	**2 c. à thé**
5 ml	**miel (facultatif)**	**1 c. à thé**

1. Préchauffer le four à 120 °C/250 °F. Enlever les croûtes des tranches de pain. Couper les tranches de pain en quatre pointes. Faire griller ces triangles de pain sur une plaque à biscuits jusqu'à ce qu'ils soient croustillants, environ 20 minutes.

2. Préchauffer le gril et placer la grille à environ 15 cm (6 po) de la source de chaleur.

3. Dans un robot culinaire, mélanger tous les ingrédients du mélange à crevettes, sauf les châtaignes d'eau, jusqu'à l'obtention d'une pâte grossière. Ajouter les châtaignes d'eau et mélanger.

4. Étaler une cuillerée de ce mélange sur chaque triangle de pain.

5. Couvrir la plaque à biscuits de papier d'aluminium et le graisser en utilisant 5 ml (1 c. à thé) d'huile de sésame. Disposer les triangles de pain garnis sur la plaque à biscuits et mettre sous le gril pendant 3 ou 4 minutes ou jusqu'à ce que la pâte de crevettes soit ferme.

6. À l'aide d'un pinceau, badigeonner les canapés avec ce qui reste d'huile de sésame. Remettre sous le gril pendant 2 minutes et servir chaud. Pour les servir froids sans qu'ils soient trop secs, appliquer une fine couche de miel sur les canapés.

Donne 24 canapés (6 portions en hors-d'œuvre)

Chaque portion fournit :
169 calories
19 g glucides
15 g protéines
3 g gras
1 g gras saturé
111 mg cholestérol
1 g fibres
459 mg sodium
175 mg potassium
Excellente source de : vitamines D et B_{12} et riboflavine
Bonne source de : fer

< *Fruits de mer fumés au thé et œufs au thé,* page 63 et page 11

Eau des champignons

L'eau dans laquelle trempent les champignons revêt beaucoup de saveur et il vaut la peine de la conserver à titre de bouillon éventuel. Il suffit de la laisser reposer pendant une ou deux minutes afin de n'en retirer que les deux tiers à la surface à l'aide d'une louche, le fond contenant des impuretés.

Poivrons verts farcis au taro

Ce légume peut être servi avec du riz vapeur ou accompagner un repas occidental. À défaut de racines de taro, utilisez des pommes de terre. Vous pouvez aussi choisir des légumes orientaux comme des pousses de bambou ou des châtaignes d'eau.

4	champignons chinois séchés	4
125 ml	eau chaude	1/2 tasse

Taro en purée :

500-750 g	racines de taro ou pommes de terre pelées et tranchées	1-1 1/2 lb
2 ml	sel	1/2 c. à thé
2 ml	poudre de Cinq épices	1/2 c. à thé

Sauce :

15 ml	sauce de soja	1 c. à soupe
50 ml	bouillon de légumes (p. 4)	1/4 tasse
50 ml	eau des champignons	1/4 tasse
10 ml	fécule de maïs	2 c. à thé
2 ml	poivre blanc	1/2 c. à thé

10 ml	huile de canola	2 c. à thé
10 ml	gingembre émincé	2 c. à thé
25 ml	oignon finement haché	2 c. à soupe
250 ml	pois surgelés	1 tasse
125 ml	carottes coupées en petits dés	1/2 tasse
250 ml	grains de maïs	1 tasse

4	poivrons verts, coupés en quarts et épépinés	4
5 ml	huile de sésame	1 c. à thé

1. Faire tremper les champignons séchés dans l'eau chaude pendant 20 minutes. Filtrer le liquide et réserver. Trancher les champignons en petits dés.

2. Cuire les tranches de taro à la vapeur jusqu'à ce qu'elles soient tendres, environ 15 minutes. Réduire le taro en purée en y ajoutant le sel et la poudre de Cinq épices.

3. Combiner les ingrédients de la sauce et réserver.

4. Préchauffer le four à 190 °C/375 °C.

5. Chauffer à feu moyen-vif une grande poêle ou un wok antiadhésifs. Ajouter l'huile, le gingembre et l'oignon : faire revenir pendant 1 minute ou jusqu'à ce que l'oignon soit doré. Ajouter tous les légumes sauf les poivrons verts et remuer pendant 1 minute. Ajouter la sauce et porter à ébullition. Remuer jusqu'à ce que la sauce soit presque complètement absorbée. Réserver.

6. Déposer une bonne cuillerée de farce aux légumes dans chaque quartier de poivron. Recouvrir complètement la farce de purée de taro. Badigeonner la purée d'une fine couche d'huile de sésame.

7. Déposer les poivrons farcis dans le four pendant 15 minutes ou jusqu'à ce qu'ils soient tendres et que la purée de taro soit bien dorée. Servir immédiatement.

Donne 6 portions

Par portion :
176 calories
37 g glucides
4 g protéines
3 g gras
traces gras saturé
0 mg cholestérol
7 g fibres
391 mg sodium
688 mg potassium
Excellente source de :
vitamines A et C, d'acide folique et de fibres
Bonne source de :
vitamines D et B_6
et thiamine

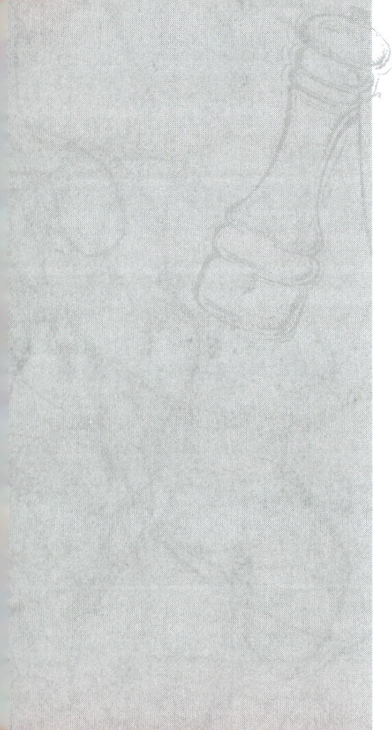

Congee au poulet

Dès que je suis malade ou que j'ai un rhume, le congee (porridge de riz) est la seule chose qui me fait du bien. Mes versions préférées sont à base de poulet, de poisson ou d'une combinaison de porc et d'œufs « centenaires ». Des tranches de poisson ferme, comme la morue-lingue ou le vivaneau, peuvent remplacer le poulet. Vous pouvez aussi utiliser des fruits de mer, du porc ou du bœuf.

Poulet et marinade :

375 g	**poitrines ou cuisses de poulet, désossées, sans la peau et finement tranchées**	3/4 lb
15 ml	**fécule de maïs**	1 c. à soupe
15 ml	**sherry sec**	1 c. à soupe
2 ml	**sel**	1/2 c. à thé
1 ml	**poivre blanc**	1/4 c. à thé

Congee :

250 ml	**riz à grains courts**	1 tasse
2,5 l	**eau**	10 tasses
250 ml	**bouillon de poulet (p. 3) ou bouillon de porc (p. 8)**	1 tasse
15 ml	**gingembre râpé ou au goût**	1 c. à soupe
5 ml	**huile de sésame, pour garnir**	1 c. à thé
25 ml	**oignons verts hachés, pour garnir**	2 c. à soupe

1. Bien mélanger le poulet et les ingrédients de la marinade. Réserver.
2. Pour confectionner le congee, combiner le riz et l'eau dans une grande casserole : porter à ébullition à feu vif. Ne pas laisser l'eau déborder. Réduire à feu doux et laisser mijoter, partiellement couvert, pendant 1 1/2 heure ou jusqu'à ce que les grains se défassent et se dissolvent, donnant au mélange la texture d'une bouillie claire. Pendant la cuisson, remuer de temps en temps pour éviter que le riz ne colle au fond et ne brûle.
3. Ajouter le bouillon de poulet et porter le tout à vive ébullition. Ajouter le gingembre et les tranches de poulet marinées. Bien mélanger et laisser bouillir pendant 2 minutes ou jusqu'à ce que le poulet soit cuit.
4. Verser le congee dans des bols à soupe. Garnir chaque bol d'une ou de deux gouttes d'huile de sésame et d'oignons verts hachés.

Donne 4 portions

Par portion :
333 calories
45 g glucides
21 g protéines
6 g gras
1 g gras saturé
54 mg cholestérol
1 g fibres
320 mg sodium
209 mg potassium
Excellente source de : niacine
Bonne source de : thiamine, vitamine B_6, fer et zinc

Potage à la viande, au poisson et aux nouilles udon

1,25 l	bouillon de poulet (p. 3) ou bouillon de légumes à la chinoise (p. 5)	5 tasses
15 ml	sauce de soja	1 c. à soupe
5 ml	huile de sésame	1 c. à thé
15 ml	crevettes séchées, grillées	1 c. à soupe
15 ml	chou en saumure	1 c. à soupe
3	tranches de gingembre	3
500 g	nouilles udon instantanées ou cuites, ou spaghettis	1 lb
125 g	porc barbecue (p. 97), tranché	1/4 lb
2	œufs durs ou œufs au thé (p. 11), coupés en deux	2
4	tiges de gai lon ou de pak-choï, coupées en bouts de 5 cm (2 po)	4
8	crevettes géantes, décortiquées et nettoyées	8
6	gros pétoncles, coupés en 3 tranches	6
4	calmars, rincés et nettoyés	4
5 ml	sept épices (facultatif)	1 c. à thé

1. Combiner le bouillon de poulet, la sauce de soja, l'huile de sésame et porter à ébullition. Ajouter les crevettes séchées, le chou en saumure et le gingembre: cuire pendant 1 minute.

2. Ajouter les nouilles et les cuire pendant 2 minutes ou jusqu'à ce qu'elles soient bien chaudes, en remuant de temps en temps. Retirer les nouilles du bouillon et les transférer dans une soupière de porcelaine ou dans des bols à soupe individuels. Disposer les tranches de porc et les moitiés d'œufs sur les nouilles.

3. Ajouter le gai lon ou le pak-choï au bouillon, porter à ébullition et cuire pendant 1 minute. Incorporer tous les fruits de mer et poursuivre la cuisson pendant 2 minutes.

4. Verser la soupe dans une soupière ou dans des bols. Disposer joliment les fruits de mer et les légumes. Saupoudrer de sept épices, au goût, et servir.

Donne 4 portions

Nouilles Udon

Originaires du Japon, ces nouilles épaisses faites de blé se vendent en vrac ou précuites dans des emballages sous vide. Si vous utilisez des nouilles udon non cuites, faites-les blanchir en suivant le mode d'emploi sur l'emballage et égouttez-les. Les spaghettis épais peuvent remplacer ces nouilles.

Mélange de Sept épices japonais (Shichimi togarashi)

Ce mélange renferme généralement sept ingrédients séchés, comme du poivre togarashi, du poivre du Sichuan, du zeste de mandarines, des graines de sésame, des algues nori, des graines de chanvre noir et d'autres graines. Si vous n'en trouvez pas, faites une mouture composée de quantités égales de grains de poivre noir et de grains de poivre du Sichuan.

Par portion :

314 calories
36 g glucides
26 g protéines
7 g gras
2 g gras saturé
134 mg cholestérol
2 g fibres
713 mg sodium
267 mg potassium
Excellente source de : vitamines A, C, B_6 et B_{12}, riboflavine, niacine, acide folique, calcium et fer
Bonne source de : thiamine

Chow mein au poulet cuit au four

Ce plat ressemble au chow mein croustillant qu'on sert dans les restaurants chinois, mais il est beaucoup moins gras. Les nouilles suggérées se trouvent facilement dans les supermarchés. Vous pouvez aussi utiliser de fines nouilles aux œufs séchées.

Poulet et marinade :

500 g	poitrines de poulet désossées, coupées en fines lanières	1 lb
15 ml	sauce de soja	1 c. à soupe
15 ml	sherry sec	1 c. à soupe
1 ml	poivre blanc	1/4 c. à thé
15 ml	fécule de maïs	1 c. à soupe
500 g	nouilles vapeur à la chinoise ou fines nouilles aux œufs cuites	1 lb
375 ml	bouillon de poulet (p. 3)	1 1/2 tasse
15 ml	gingembre émincé	1 c. à soupe
125 ml	oignon finement tranché	1/2 tasse
3	gros champignons chinois séchés, réhydratés et émincés	3
500 ml	ciboulette chinoise en fleur ou oignons verts coupés en quartiers	2 tasses
10 ml	huile de sésame	2 c. à thé
750 ml	germes de soja bien tassés	3 tasses
	Poivre noir au goût	

1. Mélanger les ingrédients de la marinade, faire macérer le poulet.
2. Blanchir les nouilles dans une grande quantité d'eau bouillante pendant une minute ou selon le mode d'emploi suggéré sur l'emballage. Bien égoutter et laisser refroidir un peu. Remuer pour assécher. Lorsqu'elles sont relativement sèches, les étaler sur une grande plaque à biscuits couverte de papier d'aluminium.
3. Allumer le gril du four. Mettre les nouilles sous le gril pendant environ 5 minutes de chaque côté, en les surveillant de près. Garder chaudes.
4. Entre-temps, chauffer un wok à feu vif. Verser le bouillon et porter à ébullition. Ajouter le gingembre, l'oignon et les champignons; cuire pendant 1 minute ou 30 secondes si l'on utilise des oignons verts.
5. Retirer du feu. Ajouter les germes de soja. Poivrer. Verser la préparation sur les nouilles et servir.

Donne 4 portions

Par portion :
358 calories
43 g glucides
33 g protéines
6 g gras
1 g gras saturé
100 mg cholestérol
5 g fibres
346 mg sodium
555 mg potassium
Excellente source de : vitamines D et B_6, thiamine, riboflavine, niacine, acide folique et fer
Bonne source de : vitamines C et B_{12}, fibres et zinc

Roulades de saumon et champignons enoki

Les filets de saumon corail tapissés de filaments de champignons blancs sont roulés et retenus par une tige d'oignon vert, ce qui réjouit aussi bien l'œil que le palais.

Saumon et marinade :

375 g	filets de saumon	3/4 lb
15 ml	jus de gingembre (voir ci-contre)	1 c. à soupe
1 ml	sel	1/4 c. à thé
10 ml	fécule de maïs	2 c. à thé
1	blanc d'œuf, légèrement battu	1
1 ou 2	bouquets d'oignons verts, partie verte seulement	1 ou 2
2	paquets de 100 g (3 1/2 oz) de champignons enoki	2

Sauce :

15 ml	sauce de soja	1 c. à soupe
45 ml	bouillon de poulet (p. 3)	3 c. à soupe
5 ml	huile de sésame	1 c. à thé
25 ml	saké ou sherry sec	2 c. à soupe
1	pincée de sucre	1

1. Couper les filets de saumon en fines tranches, dans le sens contraire du grain. Couper ces tranches en rectangles de 5 cm sur 10 cm (2 po sur 4 po). Faire mariner 10 minutes.
2. Blanchir les tiges vertes des oignons verts jusqu'à ce qu'elles commencent à flétrir, environ 30 secondes, puis les passer sous le robinet d'eau froide. Réserver dans de l'eau glacée. Compter un filament par morceau de poisson et quelques filaments en réserve.
3. Tailler les champignons enoki et les diviser en autant de petits paquets que de tranches de poisson.
4. Enrouler chaque paquet de champignons dans une tranche de poisson. Attacher les roulades à l'aide d'une tige d'oignon vert. Disposer les roulades sur une assiette légèrement huilée, puis déposer celle-ci dans le panier à vapeur.
5. Cuire à la vapeur pendant 3 minutes en prenant soin de couvrir hermétiquement; la chair du poisson devrait se détacher facilement. Le poisson peut aussi être cuit au four à micro-ondes, enveloppé dans une pellicule de plastique, pendant 2 minutes. Après la cuisson, il faut ouvrir la pellicule de plastique et laisser reposer le poisson pendant une minute.
6. Entre-temps, combiner les ingrédients de la sauce et porter à ébullition. Verser la sauce sur les roulades et servir immédiatement. Garnir de branches de coriandre (facultatif).

Donne 4 portions

Jus de gingembre

Placez de petites boules de gingembre pelé dans un presse-ail solide et pressez pour en extraire le jus. Vous pouvez aussi mettre de petites boules ou de petites tranches de gingembre pelé dans un robot culinaire avec suffisamment d'eau pour faire une purée. Filtrez ensuite cette purée dans un coton à fromage que vous presserez pour en extraire le plus de jus possible. Jetez le résidu solide. Pour les plats de fruits de mer, remplacez l'eau par du vin blanc ou du sherry sec.

Par portion :
210 calories
7 g glucides
26 g protéines
8 g gras
2 g gras saturé
48 mg cholestérol
traces fibres
452 mg sodium
629 mg potassium
Excellente source de : vitamines D et B_{12}, niacine
Bonne source de : vitamines E et B_6, riboflavine

Saumon au poivre du Sichuan

Il s'agit d'une adaptation du plat de poulet préféré de mes parents. On peut substituer au poulet d'autres poissons que le saumon, par exemple des crevettes ou du poisson blanc, comme du vivaneau, de la morue ou même de la pieuvre. Le mélange de germes frais ci-dessous le rend croustillant sans qu'il ne soit gras.

Saumon et marinade :

375 g	filets de saumon, coupés en petites tranches	3/4 lb
5 ml	sauce de soja noire ou aux champignons	1 c. à thé
5 ml	sauce d'huîtres	1 c. à thé
7 ml	sauce de soja	1 1/2 c. à thé
2 ml	poivre	1/2 c. à thé
2 ml	huile de sésame	1/2 c. à thé
10 ml	fécule de maïs	2 c. à thé
15 ml	eau	1 c. à soupe

Garniture :

250 ml	germes de soja	1 tasse
250 ml	germes de radis	1 tasse
250 ml	germes de pois mange-tout	1 tasse
10 ml	grains de poivre du Sichuan, entiers	2 c. à thé
15 ml	huile de canola	1 c. à soupe
1	gousse d'ail, émincée	1
25 ml	échalotes hachées	2 c. à soupe
25 ml	sherry sec	2 c. à soupe
45 ml	bouillon de poulet (p. 3) ou de crevettes (p. 6)	3 c. à soupe
	Jus d'un demi-citron	

1. Mariner le saumon pendant 10 minutes.
2. Mélanger les différents germes et les disposer en couronne sur une grande assiette, en laissant de la place au centre pour le saumon cuit.
3. Dans une poêle, faire revenir à sec, à feu moyen les grains de poivre jusqu'à ce qu'ils soient odorants. Broyer grossièrement et réserver.
4. Chauffer à feu moyen-vif une grande poêle ou un wok antiadhésifs. Faire revenir les tranches de saumon pendant 1 minute de chaque côté. Ajouter le poivre du Sichuan, l'ail et l'échalote: mélanger pendant 30 secondes. Ajouter le sherry et poursuivre la cuisson jusqu'à ce que le liquide soit absorbé. Ajouter le bouillon, remuer et laisser cuire jusqu'à ce que la sauce ait épaissi et que le saumon en soit bien recouvert. Disposer le saumon au centre de l'assiette. Presser quelques gouttes de jus de citron sur le poisson et servir.

Donne 4 portions

Grains de poivre du Sichuan

Ces petites baies d'un brun rougeâtre originaires de la province du Sichuan ont une saveur épicée qui rappelle celle du genièvre. Lorsqu'ils ne sont pas grillés, les grains de poivre du Sichuan produisent sur la langue un curieux effet d'engourdissement. J'aime garder à portée de la main un mélange égal de poivre noir et de poivre du Sichuan. Une épice forte qui dégage un goût du terroir.

Par portion :
265 calories
15 g glucides
28 g protéines
11 g gras
2 g gras saturé
25 mg cholestérol
2 g fibres
326 mg sodium
616 mg potassium
Excellente source de : vitamines D, B_6 et B_{12}, niacine et acide folique
Bonne source de : thiamine, riboflavine et fer

Paniers à vapeur

Les types courants de paniers à vapeur sont faits en bambou, en acier ou en aluminium. Les paniers en bambou munis de couvercles sont conçus pour être placés dans un wok. Les paniers à vapeur en métal se vendent souvent avec la marmite à laquelle ils sont adaptés. Si vous n'avez pas beaucoup d'espace, recherchez une grille en métal ou en bambou que vous pouvez placer dans votre wok. À la rigueur, une petite grille à gâteau peut faire l'affaire. Vous pouvez même placer dans votre wok deux baguettes chinoises à quelques centimètres de distance et y installer un plateau en équilibre. Vous aurez cependant besoin d'un couvercle bombé pour couvrir votre wok afin que la vapeur puisse circuler.

Par portion :
155 calories
1 g glucides
28 g protéines
3 g gras
1 g gras saturé
49 mg cholestérol
0 g fibres
346 mg sodium
628 mg potassium
Excellente source de :
vitamine B_{12}
Bonne source de:
niacine et vitamine B_6

Sébaste à la vapeur

Un poisson entier figure toujours au menu d'un banquet du nouvel An chinois. C'est un symbole d'abondance et de plénitude. Pour remplacer le sébaste, une spécialité de la côte Ouest, choisissez un poisson assez petit pour qu'il puisse être cuit au wok ou dans un panier à vapeur. Dans des occasions moins importantes, des filets de poisson peuvent faire l'affaire. Pour aromatiser le poisson, l'heureux mélange de gingembre et de sherry est aussi classique en cuisine chinoise que le citron dans la cuisine occidentale.

3	**oignons verts**	**3**
1	**sébaste entier de 750 g (1 1/2 lb), nettoyé et écaillé (avec la tête et la queue)**	**1**
15 ml	**sherry sec**	**1 c. à soupe**
25 ml	**gingembre frais, râpé**	**2 c. à soupe**
15 ml	**bouillon de poulet (p. 3)**	**1 c. à soupe**
15 ml	**sauce de soja**	**1 c. à soupe**
5 ml	**huile de sésame**	**1 c. à thé**
6	**branches de coriandre**	**6**

1. Écraser 2 des 3 oignons verts et les couper en deux dans le sens de la longueur; les placer sur une assiette adaptée au panier à vapeur. Disposer le poisson sur les oignons et l'arroser entièrement de sherry. Garnir de gingembre râpé. Placer dans le panier à vapeur et cuire 8 minutes ou jusqu'à ce que le poisson se défasse.

2. Entre-temps, couper le troisième oignon vert en julienne et réserver.

3. Dans une petite casserole, chauffer le bouillon de poulet, la sauce de soja et l'huile de sésame jusqu'à ce qu'ils soient bien chauds.

4. Lorsque le poisson est cuit, le transférer avec le liquide sur un plat de service; jeter les oignons verts cuits. Garnir le poisson de l'oignon vert coupé en julienne. Verser le mélange à base de bouillon sur le poisson. Décorer avec les branches de coriandre fraîche (facultatif). Servir.

Donne 4 portions

Filet de sole sauté aux feuilles de moutarde et aux champignons

Vous pouvez utiliser n'importe quelle combinaison de champignons.

Poisson et marinade :

500 g	filets de sole, coupés en morceaux de 5 cm (2 po)	1 lb
5 ml	sauce de poisson	1 c. à thé
15 ml	fécule de maïs	1 c. à soupe
2	blancs d'œuf, légèrement battus	2
15 ml	huile de canola	1 c. à soupe
6	gousses d'ail en lamelles	6
125 ml	bouillon épaissi vite fait (p. 2) ou de poulet (p. 3) ou de crevettes (p. 6)	1/2 tasse
15 ml	sherry sec	1 c. à soupe
6	tranches de gingembre, minces	6
1	carotte, tranchée fin	1
500 g	feuilles de moutarde, coupées en diagonale en morceaux de 4 cm (1 1/2 po)	1 lb
5 ml	sauce de soja	1 c. à thé
2	oignons verts, coupés en quatre	2
500 ml	pleurotes	2 tasses
	Poivre blanc au goût	

1. Combiner le poisson et les ingrédients de la marinade et réserver pendant 10 minutes.

2. Chauffer à feu vif une poêle ou un wok antiadhésifs. Ajouter l'huile et l'ail, faire dorer pendant environ 1 minute. Retirer et réserver.

3. Ajouter les morceaux de poisson et faire revenir pendant environ 30 secondes de chaque côté ou jusqu'à ce qu'ils soient presque cuits. Retirer et garder au chaud.

4. Incorporer le bouillon épaissi et le sherry : porter à ébullition. Ajouter le gingembre, les carottes et les feuilles de moutarde, et remuer pour mélanger. Couvrir et cuire à feu moyen pendant 2 minutes.

5. Incorporer la sauce de soja, les oignons verts et les champignons. Remuer pour mélanger, et cuire pendant 1 minute. Ajouter les morceaux de poisson et l'ail dans la casserole. Mélanger et cuire jusqu'à ce que le liquide soit presque complètement absorbé. Enlever les tranches de gingembre si désiré. Poivrer et servir.

Donne 4 portions

Les blancs d'œufs

Les blancs d'œufs sont souvent utilisés dans les marinades. Ils aident à conserver l'humidité des aliments et leur donnent une texture satinée sans ajouter de cholestérol ou de gras. Dans certaines régions, les supermarchés offrent des blancs d'œufs empaquetés dans des bouteilles de plastique.

Les pleurotes

Les pleurotes sont des champignons très savoureux en forme d'éventail. Ils sont parfois colorés en jaune ou rose. Comme ces colorants disparaissent à la cuisson, je recommande d'utiliser les champignons naturels.

Par portion :
220 calories
13 g glucides
30 g protéines
5 g gras
1 g gras saturé
60 mg cholestérol
3 g fibres
359 mg sodium
863 mg potassium
Excellente source de : vitamines A, D, E, C et B_{12}, acide folique
Bonne source de : fibres, riboflavine et niacine

Sauce d'huîtres

On retrouve souvent la sauce d'huîtres dans la cuisine cantonaise. Elle est préparée à base d'huîtres, de sel et d'eau, à quoi l'on ajoute un peu de caramel et de fécule de maïs pour lui donner de la couleur et de la viscosité. Son usage judicieux rehausse la saveur de nombreux plats de viande, de fruits de mer ou de légumes. La qualité de la sauce d'huîtres est proportionnelle à son prix. Une fois ouverte, une bouteille de sauce d'huîtres se conserve indéfiniment au réfrigérateur.

Flétan à la vapeur et rouleaux de laitue

Une version élégante, délicate et nutritive des cigares au chou. La laitue en feuille, le sui choi (chou Napa), le chou de Savoie et même le chou ordinaire peuvent être utilisés. Quant au poisson, j'ai déjà préparé ce plat avec de la morue, de la morue-lingue et du vivaneau. Tout poisson blanc fera l'affaire – c'est la fraîcheur qui compte. Je recommande de choisir des champignons shiitake frais, mais vous pouvez les remplacer par des champignons chinois réhydratés. Attention au piment! Utiliser la moitié, finissez la sauce, et ajoutez-en au goût.

375 g	filets de flétan	3/4 lb
2 ml	sel	1/2 c. à thé

Marinade :

10 ml	gingembre	2 c. à thé
5 ml	huile de sésame	1 c. à thé
15 ml	sherry sec	1 c. à soupe
7 ml	fécule de maïs	1 1/2 c. à thé
15 ml	bouillon de poulet (p. 3)	1 c. à soupe

Rouleaux de laitue :

12	grandes feuilles de laitue iceberg	12
2	champignons shiitake, coupés en six tranches chacun	12
25 ml	oignons verts hachés	2 c. à soupe

Sauce :

125 ml	bouillon de poulet (p. 3) ou de crevettes (p. 6)	1/2 tasse
1 ou 2	petits piments rouges forts, épépinés et coupés en fines lamelles	1 ou 2
5 ml	ail émincé	1 c. à thé
15 ml	sauce d'huîtres	1 c. à soupe
10 ml	fécule de maïs	2 c. à thé
15 ml	eau	1 c. à soupe
2	branches de coriandre fraîche pour décorer	2

1. Couper le flétan en 12 bâtonnets. Saler. Combiner les ingrédients de la marinade, ajouter le poisson et laisser mariner environ 10 minutes.

2. Faire blanchir les feuilles de laitue dans de l'eau bouillante jusqu'à ce qu'elles soient ramollies, environ 45 secondes. Retirer de l'eau et rincer à l'eau froide jusqu'à ce qu'elles soient complètement refroidies. Égoutter, amincir la nervure centrale et étendre les feuilles de laitue sur une assiette. Couvrir d'un linge humide.

3. Porter de nouveau l'eau à ébullition et installer un panier à vapeur au-dessus.

4. Pour confectionner les rouleaux de laitue, déposer un morceau de flétan, une tranche de champignon et des oignons verts près de la base de la feuille. Rabattre la base de la feuille de laitue sur les ingrédients, ramener les côtés vers le centre et continuer à rouler. Placer les rouleaux sur une assiette convenant au panier à vapeur, couture en dessous.

5. Déposer l'assiette dans le panier à vapeur, couvrir et cuire pendant 4 minutes.

6. Entre-temps, porter le bouillon de poulet à ébullition dans une poêle. Ajouter les piments et l'ail : cuire pendant environ 1 minute. Mélanger la sauce d'huîtres, la fécule de maïs et l'eau. Ajouter au bouillon. Cuire pendant encore une minute ou jusqu'à ce que la sauce commence à épaissir. Garder au chaud.

7. Lorsque les rouleaux sont cuits, les déposer sur un plat de service chaud. Verser le jus dans la sauce; réchauffer légèrement celle-ci pour l'épaissir. Verser la sauce sur les rouleaux, garnir de coriandre et servir immédiatement.

Donne 4 portions

Par portion :
108 calories
5 g glucides
14 g protéines
3 g gras
traces gras saturé
3 mg cholestérol
1 g fibres
335 mg sodium
481 mg potassium
Excellente source de :
vitamines C et B_{12}
Bonne source de :
vitamines A, D et B_6,
niacine et acide folique

Filets de vivaneau poêlés et ratatouille à la chinoise

Voir photo, page 39.

Ratatouille :

7 ml	huile d'olive	1 1/2 c. à thé
1	oignon moyen, haché	1
25 ml	gingembre haché	2 c. à soupe
1	aubergine chinoise, coupée en dés	1
1	mo qua, pelé, épépiné et coupé en dés ou un zucchini en dés	1
500 ml	tomates en morceaux	2 tasses
15 ml	ail haché	1 c. à soupe
125 ml	bouillon de poulet (p. 3) ou de légumes (p. 4)	1/2 tasse
1 ml	sel	1/4 c. à thé
5 ml	sucre	1 c. à thé
25 ml	oignons verts hachés	2 c. à soupe

Poisson :

500 g	filets de vivaneau, rincés et asséchés	1 lb
2 ml	sel	1/2 c. à thé
2 ml	poivre	1/2 c. à thé
15 ml	fécule de maïs	1 c. à soupe
7 ml	huile de canola	1 1/2 c. à thé

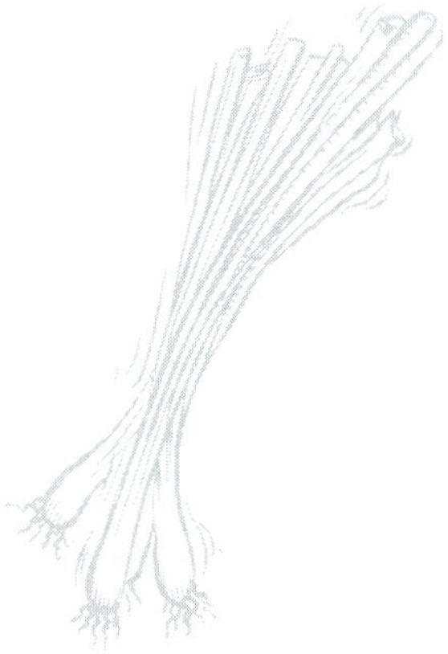

Pistou

Pour exploiter encore davantage le mariage des saveurs, agrémentez ce plat d'un pistou à la chinoise. Combinez 25 ml (2 c. à soupe) de bouillon de poulet, 2 gousses d'ail, 125 ml (1/2 tasse) de noix de Grenoble grillées et 125 ml (1/2 tasse) de coriandre fraîche dans un robot culinaire ou un mélangeur, et malaxer. Assaisonnez la pâte d'une pincée de sel et de poivre, au goût. Le pistou accompagne délicieusement le poulet cuit à la vapeur ou rôti. Comme cette recette contient 4 grammes de gras insaturé, n'en abusez pas!

Pistou : donne 8 portions
Par portion :
49 calories
1 g glucides
2 g protéines
4 g gras
tr gras saturé
0 mg cholestérol
tr fibres
tr sodium
49 mg potassium

1. Chauffer le four à 200 °C/400 °F.

2. Dans une poêle ou un wok antiadhésifs, chauffer l'huile d'olive à feu vif. Ajouter les oignons, le gingembre, l'aubergine et le mo qua ou le zucchini: faire revenir pendant 2 minutes.

3. Ajouter les tomates, l'ail et le bouillon: porter le tout à ébullition. Couvrir et cuire pendant 5 minutes ou jusqu'à ce que les légumes soient tendres. Assaisonner de sel et de sucre. Retirer du feu, incorporer les oignons verts et garder au chaud.

4. Dans un petit bol, combiner le sel, le poivre et la fécule de maïs. Passer les morceaux de poisson dans le mélange jusqu'à ce qu'ils soient bien enrobés.

5. Dans une grande poêle antiadhésive allant au four, chauffer l'huile à feu vif. Ajouter les filets de poisson et les faire frire pendant 1 minute de chaque côté ou jusqu'à ce qu'ils soient dorés. Mettre la poêle au four et laisser cuire pendant 5 minutes ou jusqu'à ce que le poisson se défasse facilement. Servir avec la ratatouille. Accompagner de pistou (facultatif).

Donne 4 portions

Par portion :
167 calories
14 g glucides
18 g protéines
5 g gras
1 g gras saturé
28 mg cholestérol
4 g fibres
441 mg sodium
809 mg potassium
Excellente source de :
vitamine B_{12}
Bonne source de :
vitamine B_6, fibres et
acide folique

Frittata de poisson à la chinoise

Poisson et marinade :

250 g	filets de poisson blanc sans la peau, coupé finement en diagonale	1/2 lb
1 ml	sel	1/4 c. à thé
1 ml	poivre blanc	1/4 c. à thé
10 ml	ail émincé	2 c. à thé
25 ml	oignons verts ou ciboulette chinoise	2 c. à soupe
15 ml	vin chinois pour la cuisine ou sherry sec	1 c. à soupe

125 ml	farine	1/2 tasse
3	gros œufs, battus	3
15 ml	huile de canola	1 c. à soupe
7 ml	sauce de poisson	1 1/2 c. à thé
25 ml	coriandre hachée grossièrement	2 c. à soupe
7 ml	flocons d'oignon grillés (p. 122, étape 2)	1 1/2 c. à thé

1. Préchauffer le gril et installer la grille à 15 cm (6 po) de la source de chaleur.

2. Mélanger les ingrédients de la marinade et faire macérer le poisson pendant 5 minutes.

3. Saupoudrer la farine dans une assiette. Passer les morceaux de poisson dans la farine jusqu'à ce qu'ils soient bien enrobés, puis dans l'œuf battu.

4. Dans une grande poêle antiadhésive allant au four, chauffer l'huile à feu moyen. Ajouter le poisson et le faire frire jusqu'à ce qu'il soit à moitié cuit, c'est-à-dire à peine opaque. Ajouter le reste des œufs et laisser cuire pendant 30 secondes.

5. Mettre la poêle sous le gril et faire cuire le poisson pendant 1 minute ou jusqu'à ce que les œufs soient cuits et dorés à la surface.

6. Détacher doucement la frittata et la retourner sur un plat de service. Badigeonner la frittata de sauce de poisson, et décorer de coriandre et de flocons d'oignon.

Donne 4 portions

Par portion :
175 calories
8 g glucides
17 g protéines
8 g gras
2 g gras saturé
187 mg cholestérol
traces fibres
382 mg sodium
314 mg potassium
Excellente source de : vitamine B_{12}
Bonne source de : riboflavine

Roulades de fruits de mer à la vapeur

Voici une autre façon d'utiliser les boulettes de poisson (p. 25). Remplacez la moitié du poisson par du saumon. La teneur en gras augmentera, car le saumon est un poisson plus gras.

1	recette de boulettes de poisson (p. 25) non cuites	1
3	champignons chinois séchés, réhydratés et hachés finement	3
	Huile végétale en atomiseur	
4	gros œufs, battus	4

Sauce :

15 ml	sauce de poisson	1 c. à soupe
5 ml	miel, ou au goût	1 c. à thé
1	petit piment rouge fort, épépiné et finement haché	1
125 ml	bouillon de poulet (p. 3) ou de crevettes (p. 6)	1/2 tasse
5 ml	huile de sésame	1 c. à thé
5 ml	fécule de maïs	1 c. à thé
25 ml	feuilles de coriandre hachées	2 c. à soupe

1. Dans un grand bol, mélanger la recette de boulettes de poisson et les champignons hachés.

2. Chauffer une poêle antiadhésive à feu vif. Vaporiser un peu d'huile végétale. Ajouter de 15 à 25 ml (1 à 2 c. à soupe) d'œufs battus à la fois dans la poêle: former une crêpe, laisser prendre, puis retourner et laisser cuire pendant 15 secondes. Empiler les crêpes (environ 6) en les séparant par un papier ciré. Découper les crêpes en carrés. Hacher finement les retailles et les ajouter au mélange de boulettes de poisson.

3. Dans un petit bol, combiner les ingrédients de la sauce et réserver.

4. Diviser le mélange de boulettes de poisson en six portions. Étaler une portion de mélange sur chaque crêpe en laissant libre une petite lisière d'environ 2,5 cm (1 po). Rouler vers la partie non recouverte. Couture contre le fond, placer chaque roulade dans un plat prévu pour la cuisson à la vapeur ou sur la grille d'un panier à vapeur.

5. Étuver pendant 10 minutes. Lorsque les roulades sont prêtes, les retirer et les laisser légèrement refroidir. Couper les roulades en tranches de 1 cm (1/2 po) et disposer sur un plat de service.

6. Entre-temps, chauffer la sauce jusqu'à ce qu'elle épaississe. Incorporer les feuilles de coriandre. Verser sur les roulades et servir.

Donne 4 portions

Par portion :
240 calories
8 g glucides
32 g protéines
8 g gras
2 g gras saturé
260 mg cholestérol
1 g fibres
628 mg sodium
684 mg potassium
Excellente source de: vitamines D, C et B_{12}, riboflavine
Bonne source de: vitamines A et B_6, acide folique et zinc

Poisson à la sauce au vin

La recette originale fait appel à de la grande friture, mais celle-ci ne convient pas à notre souci de prévention des maladies cardiaques. Si vous aimez les plats épicés et plus colorés, ajoutez à la sauce un piment rouge fort, haché finement. Si vous ne recherchez que la couleur, ajoutez des poivrons.

500 g	morue, flétan ou autre poisson blanc à chair ferme, coupé en tranches de 1 cm (1/2 po)	1 lb
1 ml	sel	1/4 c. à thé
1 ml	poivre blanc	1/4 c. à thé
7 ml	huile de canola	1 1/2 c. à thé

Sauce :

5 ml	ail émincé	1 c. à thé
10 ml	gingembre émincé	2 c. à thé
10 ml	fécule de maïs	2 c. à thé
25 ml	vinaigre de cidre	2 c. à soupe
50 ml	vin blanc	1/4 tasse
125 ml	bouillon de poulet (p. 3) ou de crevettes (p. 6)	1/2 tasse
15 ml	sauce de soja	1 c. à soupe
20 ml	sucre, ou au goût	4 c. à thé
5 ml	huile de sésame	1 c. à thé
2	oignons verts hachés	2

1. Frotter le poisson avec le sel et le poivre et réserver pendant 5 minutes.

2. Bien mélanger tous les ingrédients de la sauce, et réserver.

3. Chauffer une poêle ou un wok antiadhésifs à feu vif. Ajouter l'huile. Quand celle-ci est suffisamment chaude, ajouter les tranches de poisson et les frire jusqu'à ce qu'elles soient à peine cuites, environ 1 minute de chaque côté. Retirer et réserver.

4. Ajouter la sauce et porter à ébullition. Ajouter les oignons verts et laisser cuire pendant une minute en remuant constamment jusqu'à ce que la sauce épaississe. Ajouter le poisson cuit et remuer doucement. Servir immédiatement.

Donne 4 portions

Par portion :
168 calories
7 g glucides
23 g protéines
4 g gras
traces gras saturé
54 mg cholestérol
traces fibres
453 mg sodium
487 mg potassium
Excellente source de :
vitamine B_{12}

Calmars à la pâte de haricots pimentée

500 g	calmars nettoyés	1 lb
5 ml	poivre	1 c. à thé
15 ml	fécule de maïs	1 c. à soupe

Sauce :

50 ml	bouillon de poulet (p. 3) ou de crevettes (p. 6)	1/4 tasse
7 ml	fécule de maïs	1 1/2 c. à thé
7 ml	sauce de soja	1 1/2 c. à thé
10 ml	sucre	2 c. à thé
7 ml	vinaigre noir chinois ou vinaigre balsamique	1 1/2 c. à thé

10 ml	huile de canola	2 c. à thé
2 ml	huile de sésame	1/2 c. à thé
5	minces tranches de gingembre	5
15 ml	ail émincé	1 c. à soupe
1	petit oignon, tranché mince	1
2 ml	poudre de cinq épices	1/2 c. à thé
1	piment rouge ou jalapeño, épépiné et haché finement	1
7 ml	pâte de haricots pimentée	1 1/2 c. à thé
1	poivron vert, épépiné et coupé en gros dés	1
1	poivron rouge ou jaune, épépiné et coupé en gros dés	1
15 ml	sherry sec	1 c. à soupe

1. Inciser légèrement les calmars en losange. Ne pas percer la chair. Puis, les couper en morceaux de 5 cm (2 po). Combiner les calmars, le poivre et la fécule de maïs. Réserver pendant 5 minutes.

2. Combiner les ingrédients de la sauce et réserver.

3. Chauffer l'huile à feu vif dans une poêle ou un wok antiadhésifs. Ajouter les calmars et les faire revenir pendant 30 secondes à 1 minute ou jusqu'à ce que la chair devienne opaque et commence à s'enrouler. Retirer les calmars, ajouter l'huile de sésame et réserver.

4. Ajouter le gingembre, l'ail, l'oignon, la poudre de cinq épices, le piment et la pâte de haricots : faire revenir pendant 30 secondes.

5. Ajouter les poivrons et le sherry, remuer et faire cuire pendant 1 minute. Incorporer la sauce et remuer pendant environ 1 minute ou jusqu'à ce que la sauce épaississe.

6. Remettre le calmar cuit dans la poêle, remuer pour bien mélanger et servir immédiatement.

Donne 4 portions

Par portion :
194 calories
13 g glucides
21 g protéines
6 g gras
traces gras saturé
traces cholestérol
2 g fibres
262 mg sodium
174 mg potassium
Excellente source de :
vitamines A et C
Bonne source de : fer

Huîtres à la vapeur et garniture à l'ail

Voici une façon toute simple de capturer la fraîcheur des huîtres et d'autres mollusques. Les Chinois aiment les grosses huîtres. Si vous en utilisez de petites, augmentez leur nombre et réduisez le temps de cuisson.

8	**grosses huîtres, sur une demi-coquille (laisser l'eau des huîtres dans la coquille)**	8

Garniture :

10 ml	**huile de canola**	2 c. à thé
50 ml	**ail finement haché**	1/4 tasse
25 ml	**brandy**	2 c. à soupe
25 ml	**oignons verts émincés**	2 c. à soupe

1. Disposer chaque huître dans une demi-coquille et l'ensemble sur un plat convenant au panier à vapeur.

2. Dans une petite poêle, chauffer l'huile à feu moyen, ajouter l'ail et faire dorer en remuant constamment, environ 30 secondes.

3. Ajouter le brandy et faire flamber en remuant la poêle jusqu'à ce que l'alcool soit évaporé, environ 15 secondes.

4. Déposer une cuillerée de garniture sur chaque huître. Décorer d'oignons verts.

5. Placer les huîtres dans le panier à vapeur. Couvrir et cuire pendant 5 minutes. Servir.

Donne 4 portions

Les huîtres

Choisissez des huîtres de bonne taille et rejetez toutes celles qui restent ouvertes. Pour les ouvrir, protégez-vous une main à l'aide d'un linge épais et tenez l'huître fermement. Insérez profondément le couteau à huître dans la plus petite extrémité de l'huître. Tournez le couteau dans l'huître en appliquant une certaine pression jusqu'à ce que vous entendiez un bruit et que la coquille se relâche. Ouvrez la coquille et coupez le muscle adducteur (semblable à un petit pétoncle).

Par portion :
117 calories
8 g glucides
10 g protéines
5 g gras
1 g gras saturé
50 mg cholestérol
traces fibres
107 mg sodium
213 mg potassium
Excellente source de : vitamines D et B_{12}, zinc et fer
Bonne source de : riboflavine

Moules sautées à la ciboulette chinoise et aux germes de haricots

Pour ce savoureux plat sauté, choisissez de belles grosses moules. Rejetez toutes celles qui ne se referment pas lorsqu'on les frappe légèrement ou celles qui sont fissurées. Les moules surgelées de Nouvelle-Zélande conviennent tout à fait.

250 ml	**vin blanc**	**1 tasse**
3	**tranches de gingembre**	**3**
1	**gros oignon vert, écrasé et coupé en quartiers**	**1**
1 kg	**moules, lavées et débarrassées des barbes**	**2 lb**
10 ml	**fécule de maïs**	**2 c. à thé**
15 ml	**pâte de haricots pimentée**	**1 c. à soupe**
10 ml	**ail émincé**	**2 c. à thé**
15 ml	**échalotes hachées**	**1 c. à soupe**
4	**gros champignons chinois, réhydratés et tranchés fin**	**4**
1	**botte de ciboulette chinoise en fleurs coupée en bouts de 5 cm (2 po)**	**1**
1	**poivron rouge, épépiné et tranché fin**	**1**
1 l	**germes de haricots**	**4 tasses**

1. Dans une grande casserole, porter le vin blanc à ébullition. Ajouter le gingembre, l'oignon vert et les moules. Couvrir et laisser mijoter pendant environ 2 minutes ou jusqu'à ce que les moules soient ouvertes.

2. Filtrer le bouillon des moules dans un bol et laisser refroidir. Retirer les moules des coquilles et jeter celles-ci. Remettre les moules dans le bouillon refroidi et réserver. Dans un petit bol, combiner la fécule de maïs et 50 ml (1/4 tasse) de bouillon refroidi. Réserver.

3. Chauffer une poêle ou un wok antiadhésifs à feu moyen-vif. Ajouter la pâte de haricots, l'ail et les échalotes; faire revenir pendant 30 secondes ou jusqu'à ce que l'odeur se dégage. Incorporer les champignons, la ciboulette chinoise et les poivrons; faire revenir pendant 1 minute.

4. Égoutter les moules, les ajouter au mélange de légumes et remuer. Ajouter le mélange de fécule de maïs et remuer pendant environ 1 minute : les légumes doivent être à peine tendres et le liquide presque complètement absorbé.

5. Ajouter les germes de haricots, chauffer en remuant pendant 1 minute. Servir.

Donne 4 portions

Ciboulette chinoise (Gau choy fa)

Cette cousine de la ciboulette occidentale a une saveur qui rappelle l'ail. Les feuilles de ciboulette chinoisesont plates et creuses. Les fleurs ont des pétioles tubulaires couronnés de boutons floraux blancs. On les utilise comme garniture ou comme légume dans les sautés.

Par portion :
146 calories
14 g glucides
11 g protéines
5 g gras
1 g gras saturé
16 mg cholestérol
3 g fibres
429 mg sodium
473 mg potassium
Excellente source de : vitamines C et B_{12}, fer et acide folique
Bonne source de : vitamines A et D, fibres, thiamine, riboflavine et zinc

Crevettes épicées à l'ail

C'était mon anniversaire et mon initiation aux célèbres restaurants flottants du port Aberdeen à Hong Kong. J'avais le privilège de choisir et je savais ce que je voulais. Je me rappelle avoir sautillé d'un sampan à l'autre le long du quai en regardant les grands barils qui servaient de vivier aux poissons et aux crustacés. Sous la lueur d'une lampe à pétrole, les énormes crevettes me fascinaient. Au goût, elles sont tout simplement divines : fermes, succulentes et douces. Même après toutes ces années, la vue de crevettes vivantes me fait toujours saliver.

Si cela ne vous dégoûte pas, utilisez des crevettes vivantes pour préparer cette recette; elles en valent le coût. Bien entendu, des crevettes surgelées de bonne qualité sont aussi délicieuses. Cependant, cuites dans leur carapace, les crevettes gardent leur saveur et ajoutent de la couleur à votre table.

Sauce :

1 ml	**sel**	**1/4 c. à thé**
5 ml	**sauce de soja**	**1 c. à thé**
45 ml	**eau**	**3 c. à soupe**
25 ml	**sherry sec**	**2 c. à soupe**
500 g	**grosses crevettes**	**1 lb**
15 ml	**huile de canola**	**1 c. à soupe**
6	**gousses d'ail, hachées finement**	**6**
5 ml	**flocons de piment rouge fort**	**1 c. à thé**

1. Combiner les ingrédients de la sauce et réserver.

2. À l'aide de ciseaux, couper les pattes et les antennes des crevettes. Si vous utilisez des crevettes avec la tête, enlever la partie derrière les yeux. À l'aide d'un couteau bien aiguisé, inciser le dos des crevettes et en retirer la veine. Rincer à l'eau froide et assécher.

3. Chauffer à feu vif une poêle ou un wok antiadhésifs. Ajouter l'huile et la chauffer jusqu'à ce qu'elle commence à fumer. Ajouter l'ail et les flocons de piment : faire brunir légèrement. Ajouter les crevettes et laisser cuire pendant environ 2 minutes en remuant pour favoriser une cuisson uniforme.

4. Verser la sauce, bien mélanger et laisser cuire jusqu'à ce que les crevettes virent au rose et soient complètement opaques, environ 3 minutes. Servir immédiatement. Conserver les carapaces pour préparer du bouillon de crevettes (p. 6).

Donne 4 portions

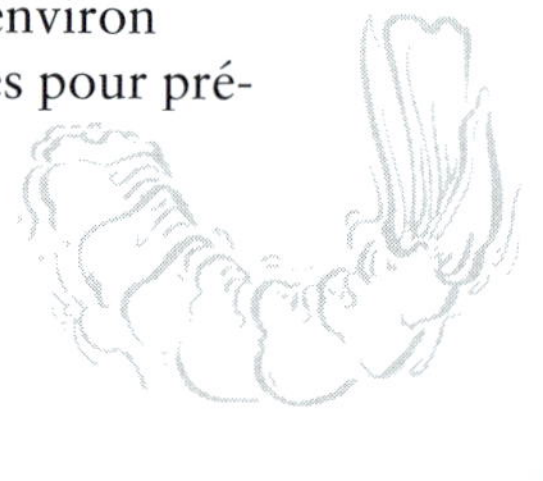

Les fruits de mer et le cholestérol

Les fruits de mer ne sont pas, comme on le croit, une source importante de cholestérol. De tous les crustacés, seules les crevettes sont riches en cholestérol, mais elles sont en revanche très faibles en gras : à peine un ou deux grammes par portion de 100 grammes. Si votre taux de cholestérol sanguin vous préoccupe, surveillez votre apport total en gras alimentaire, notamment en gras saturé, et non uniquement le cholestérol alimentaire.

Par portion :
154 calories
3 g glucides
23 g protéines
4 g gras
traces gras saturé
170 mg cholestérol
traces fibres
220 mg sodium
33 mg potassium
Bonne source de : fer

Fruits de mer fumés au thé et sauce au melon

Voir photo, page 40.

Fumer le canard et la volaille au thé est une tradition du Sichuan et du Hu-nan.

Fruits de mer et marinade :

2	oignons verts, coupés en quatre	2
5	tranches de gingembre	5
45 ml	sauce de soja	3 c. à soupe
15 ml	sherry sec	1 c. à soupe
10 ml	sucre	2 c. à thé
2 ml	poudre de cinq épices	1/2 c. à thé
500 g	fruits de mer (crevettes décortiquées et nettoyées, pétoncles, morceaux de filet de poisson)	1 lb

Sauce :

75 ml	yogourt nature léger	1/3 tasse
75 ml	babeurre 1 %	1/3 tasse
175 ml	melon miel et cantaloup en dés	3/4 tasse

Fumée de thé :

125 ml	riz blanc cru	1/2 tasse
125 ml	feuilles de thé noir	1/2 tasse
125 ml	sucre blanc	1/2 tasse

1. Écraser les oignons verts et le gingembre : déposer dans un plat creux. Ajouter le reste des ingrédients de la marinade et les fruits de mer : mariner pendant environ 20 minutes.
2. Combiner tous les ingrédients de la sauce dans un petit bol.
3. Pour préparer la fumée de thé, tapisser de papier d'aluminium une grande marmite à couvercle hermétique. Étaler les ingrédients de la fumée de thé dans le plat. Graisser une grille ronde ou une grille à gâteau. Installer la grille dans le plat au-dessus du mélange et couvrir.
4. Augmenter le feu à moyen-vif et faire chauffer le fumoir, environ 4 minutes. (Mettre la hotte de la cuisinière en marche si vous procédez dans la maison. Voir les instructions ci-contre pour fumer sur un barbecue.)
5. Lorsque la fumée apparaît, ajouter les fruits de mer sur la grille, et les laisser cuire et fumer pendant 3 minutes de chaque côté. Servir chaud ou froid avec la sauce.

Donne 6 portions

Fumer au thé

Si vous ne voulez pas enfumer votre cuisine, vous pouvez facilement fumer les aliments sur un barbecue. Installer le plat contenant le mélange qui sert à fumer directement sur les charbons et les aliments à fumer sur la grille du barbecue.

Par portion :
144 calories
7 g glucides
25 g protéines
1 g gras
traces gras saturé
170 mg cholestérol
traces fibres
542 mg sodium
139 mg potassium
Bonne source de : fer

Crevettes aux noix de cajou et see qua

Le poulet aux noix de cajou si en vogue dans les restaurants chinois nord-américains est à l'origine de cette adaptation. Cette recette vous fera découvrir un légume, le see qua, aussi appelé sing qua (sing signifiant « victoire » en cantonais). Si vous ne trouvez pas de see qua, remplacez-le par du concombre anglais, mais réduisez le temps de cuisson des légumes à 1 ou 2 minutes.

15 ml	**huile de canola**	**1 c. à soupe**
1	**oignon moyen, tranché**	**1**
3	**tranches de gingembre**	**3**
375 g	**grosses crevettes, décortiquées et nettoyées**	**3/4 lb**
250 ml	**bouillon épaissi vite fait (p. 2) ou bouillon de poulet ou crevettes (p. 3 et 6)**	**1 tasse**
15 ml	**sherry sec**	**1 c. à soupe**
1	**see qua, pelé, ou un concombre anglais coupé en deux dans le sens de la longueur, puis en gros morceaux**	**1**
1 ml	**sel**	**1/4 c. à thé**
50 ml	**noix de cajou grillées, non salées**	**1/4 tasse**
1 ml	**poivre blanc**	**1/4 c. à thé**

1. Chauffer l'huile à feu vif dans une poêle ou un wok antiadhésifs. Ajouter les oignons et le gingembre : faire revenir pendant 30 secondes. Ajouter les crevettes et faire revenir pendant 1 minute ou jusqu'à ce que les crevettes soient à peine opaques. Retirer les crevettes et réserver.

2. Ajouter le bouillon épaissi et le sherry dans la poêle et porter à ébullition. Si l'on utilise du see qua, l'ajouter. Saler, couvrir et laisser braiser pendant 2 minutes. Retirer le couvercle et faire réduire de moitié. Si l'on utilise du concombre anglais, le braiser pendant 1 seule minute et le retirer de la poêle pendant que la sauce réduit. L'y remettre en même temps que le mélange de crevettes.

3. Incorporer le mélange de crevettes et d'oignon, puis les noix de cajou; bien mélanger jusqu'à ce que le tout soit chaud. Assaisonner de poivre blanc au goût. Servir immédiatement.

Donne 4 portions

See qua (Sing qua)

Caractérisée par sa peau côtelée, cette courge vert foncé serait à mi-chemin entre le concombre anglais et le gombo. Lorsqu'elle est cuite, elle est sucrée et croustillante. Pour peler le see qua, éraflez les arêtes à l'aide d'un épluche-légumes, ce qui laissera un peu de pelure. Les morceaux seront ainsi joliment zébrés vert et blanc. Les see qua de taille moyenne mesurent entre 35 et 45 cm (1 et 1 1/4 pi) de longueur. Ils doivent être fermes, lourds et sans meurtrissures.

Par portion :
193 calories
10 g glucides
20 g protéines
8 g gras
1 g gras saturé
120 mg cholestérol
2 g fibres
139 mg sodium
382 mg potassium
Bonne source de :
acide folique et fer

Bœuf épicé au pakchoi, pages 86-87 >

BRAND

Pétoncles et pignons sautés

J'aime infiniment les pétoncles, surtout la variété orientale avec ses filaments orangés. Le restaurant chinois de mon quartier les accompagne de pâte de crevettes, mais par respect pour notre cœur, c'est le jus de citron, ici, qui en rehaussera la saveur.

15 ml	huile de canola	1 c. à soupe
45 ml	pignons	3 c. à soupe
250 g	gros pétoncles	1/2 lb
6	tranches de gingembre	6
3	gousses d'ail, écrasées	3
1	carotte, finement tranchée	1
250 g	pois mange-tout lavés et équeutés	1/2 lb
25 ml	sherry sec	2 c. à soupe
50 ml	bouillon de poulet (p. 3) ou de légumes (p. 4), divisé en 2 parts	1/4 tasse
10 ml	sauce de poisson	2 c. à thé
7 ml	fécule de maïs	1 1/2 c. à thé
15 ml	jus de citron	1 c. à soupe

1. Dans une poêle ou un wok antiadhésifs, chauffer l'huile à feu moyen-vif. Faire dorer (mais non brunir) les pignons en remuant constamment. Retirer les noix à l'aide d'une cuillère trouée et les déposer sur une serviette de papier. (Les noix brûlent rapidement et continuent à cuire une fois retirées du feu.)

2. Augmenter l'intensité du feu et faire revenir les pétoncles à feu vif pendant environ 30 secondes de chaque côté ou jusqu'à ce qu'ils soient opaques ou légèrement dorés. Retirer et réserver.

3. Réduire à feu moyen et ajouter le gingembre, l'ail, les carottes et les pois mange-tout; mélanger pendant 1 minute. Incorporer le sherry et 25 ml (2 c. à soupe) de bouillon, couvrir et faire cuire pendant 1 minute.

4. Ajouter le reste du bouillon de poulet, la sauce de poisson et la fécule de maïs. Bien mélanger.

5. Ajouter les pétoncles et les pignons; mélanger pendant 30 secondes ou jusqu'à ce que la sauce épaississe. Arroser de jus de citron, mélanger et servir immédiatement.

Donne 4 portions

Les pignons

La plupart des gens pensent que la consommation des pignons ou graines du pin relève d'une coutume italienne, mais les Chinois les utilisent depuis des siècles. Comme les autres graines, on les mange les jours de fête et elles sont un symbole de fécondité. Bien que les familles nombreuses ne soient plus souhaitables dans la Chine moderne, les pignons n'ont pas perdu de leur vogue. Ces noix sont riches en gras (61 % de gras mono-insaturé et polyinsaturé surtout), mais leur saveur est si prononcée qu'un tout petit peu suffit.

Par portion :
188 calories
9 g glucides
12 g protéines
12 g gras
2 g gras saturé
20 mg cholestérol
3 g fibres
477 mg sodium
400 mg potassium
Excellente source de : vitamines A et B_{12}
Bonne source de : vitamine E, thiamine et fibres

< *Porc et miso aux châtaignes d'eau et pois mange-tout*, page 99.

La citronnelle

Cette herbacée de couleur ivoire, originaire du sud-est de l'Asie, dégage un parfum et une saveur de citron. Elle est meilleure fraîche ou surgelée. N'utilisez que le bulbe à la base; réservez le reste pour parfumer le bouillon de poisson. On peut la remplacer par du jus et du zeste de citron.

Feuilles de kaffir

Les feuilles de kaffir se vendent séchées ou surgelées. Il faut les réhydrater avant de s'en servir. Il n'existe aucun substitut, mais on peut les remplacer si nécessaire par du jus et du zeste de limette.

Par portion :
234 calories
14 g glucides
19 g protéines
11 g gras
9 g gras saturé
59 mg cholestérol
3 g fibres
791 mg sodium
426 mg potassium
Excellente source de : vitamine B_{12}
Bonne source de : fibres, calcium et vitamine C

Homards jumeaux au cari de noix de coco

2	**homards moyens, dans la carapace**	2
250 ml	**lait de coco en conserve, dégraissé**	1 tasse
1	**tige de citronnelle fraîche, émincée ou 10 ml (2 c. à thé) de jus de citron**	1
5	**feuilles de kaffir émincées ou 10 ml (2 c. à thé) de zeste de limette**	5
10-15 ml	**poudre de cari**	2-3 c. à thé
25 ml	**oignon haché finement**	2 c. à soupe
5 ml	**ail émincé**	1 c. à thé
125 ml	**chapelure**	1/2 tasse

Sauce :

15 ml	**sauce de poisson**	1 c. à soupe
15 ml	**brandy**	1 c. à soupe
45 ml	**bouillon de poulet (p. 3) ou de crevettes (p. 6)**	3 c. à soupe
10 ml	**fécule de maïs**	2 c. à thé

Garniture :

5 ou 6	**feuilles de menthe fraîche, hachée finement**	5 ou 6
1	**piment rouge fort, émincé**	1

1. Couper les homards en deux dans le sens de la longueur et faire craquer les pinces. Déposer les homards, la chair découpée vers le haut, sur une plaque à pâtisserie et réserver. Chauffer le four à 200 °C/400 °F.

2. Dans une petite casserole, porter le lait de coco à ébullition. Ajouter la citronnelle, les feuilles de kaffir et la poudre de cari. Réduire le feu, couvrir et laisser mijoter pendant 15 minutes. Retirer du feu et filtrer. Garder le liquide.

3. Remettre le liquide dans la casserole et chauffer à feu moyen. Ajouter les oignons et l'ail : cuire pendant 3 minutes.

4. Combiner les ingrédients de la sauce. Les inclure dans la casserole et porter à ébullition. Cuire jusqu'à ce que la sauce commence à épaissir.

5. Couvrir délicatement les moitiés de homard de la sauce. Saupoudrer de chapelure. Mettre au four et cuire pendant 10 à 12 minutes ou jusqu'à ce que la chair de homard soit ferme et blanche.

6. Transférer les homards sur un plat de service. Décorer de feuilles de menthe et de piment. Servir.

Donne 6 portions

Brocoli à la sauce de crabe et de tofu

Le brocoli est une denrée de base dans ma cuisine et je cherche toujours de nouvelles façons de le rendre appétissant pour les enfants. À la faveur de cette recette, j'ai réussi à leur faire manger même du tofu. Ils l'ont adoré sur du riz!

Sauce :

25 ml	fécule de maïs	2 c. à soupe
15 ml	sauce de soja	1 c. à soupe
1 ml	sel	1/4 c. à thé
2 ml	poivre blanc	1/2 c. à thé
25 ml	eau ou bouillon de poulet (p. 3)	2 c. à soupe
5 ml	huile de sésame	1 c. à thé

175 ml	bouillon de poulet	3/4 tasse
750 g	bouquets de brocoli	1 1/2 lb
15 ml	huile de canola	1 c. à soupe
10 ml	gingembre émincé	2 c. à thé
375 ml	chair de crabe fraîche, crabe dormeur si possible	1 1/2 tasse
375 ml	bouillon de poulet ou de légumes à la chinoise (p. 5)	1 1/2 tasse
300 g	tofu mou, coupé en petits dés	10 oz
1	blanc d'œuf, légèrement battu	1
25 ml	oignons verts hachés	2 c. à soupe

1. Combiner les ingrédients de la sauce et réserver.

2. Dans une grande poêle antiadhésive, porter à ébullition à feu moyen 175 ml (3/4 tasse) de bouillon de poulet. Ajouter le brocoli et le sel : remuer pendant 30 secondes pour bien enrober. Couvrir et laisser cuire pendant 2 minutes ou jusqu'à ce que le brocoli soit cuit mais croquant. Égoutter, déposer sur un plat de service et garder chaud.

3. Chauffer l'huile à feu moyen dans une poêle antiadhésive. Ajouter le gingembre et la chair de crabe : remuer pendant 15 secondes.

4. Incorporer 375 ml (1 1/2 tasse) de bouillon de poulet et porter à ébullition. Ajouter le tofu et cuire 1 minute en mélangeant délicatement.

5. Ajouter la sauce et cuire jusqu'à ce qu'elle épaississe. Ajouter le blanc d'œuf et remuer en tournoyant, environ 30 secondes. Incorporer les oignons verts et mélanger. Verser la sauce sur le brocoli et servir.

Donne 6 portions

Par portion :
136 calories
10 g glucides
14 g protéines
6 g gras
1 g gras saturé
22 mg cholestérol
4 g fibres
415 mg sodium
557 mg potassium
Excellente source de : vitamines A, E, C et B_{12}, acide folique et fer
Bonne source de : riboflavine, niacine et vitamine B_6

Paloudes sautées aux haricots noirs

Ce plat cantonais est le mets chinois préféré en Amérique du Nord. Au cours des 10 dernières années, il s'est même taillé une place sur les menus des restaurants de pâtes ou s'inspirant de plusieurs cuisines. Un restaurant du quartier chinois de Vancouver, aujourd'hui disparu, s'est rendu célèbre grâce à ce plat auquel trois premiers ministres et de nombreuses célébrités avaient fait honneur.

15 ml	haricots noirs fermentés	1 c. à soupe

Sauce :

25 ml	bouillon de poulet (p. 3)	2 c. à soupe
10 ml	fécule de maïs	2 c. à thé
5 ml	sauce de soja	1 c. à thé
7 ml	sauce d'huîtres	1 1/2 c. à thé

7 ml	huile de canola	1 1/2 c. à thé
1	échalote, finement hachée	1
10 ml	gingembre émincé	2 c. à thé
5 ml	ail émincé	1 c. à thé
1	petit piment fort rouge, épépiné et haché (facultatif)	1
1 kg	palourdes ou moules, nettoyées	2 lb
125 ml	bouillon de poulet ou de légumes (p. 4)	1/2 tasse
25 ml	sherry sec	2 c. à soupe
25 ml	oignons verts hachés	2 c. à soupe

1. Rincer et faire tremper les haricots noirs fermentés dans de l'eau froide pendant 30 minutes. Égoutter sur une serviette en papier et écraser.

2. Combiner les ingrédients de la sauce et réserver.

3. Dans une grande poêle ou un wok antiadhésifs, chauffer l'huile à feu vif. Ajouter les haricots noirs fermentés, l'échalote, le gingembre, l'ail et le piment et faire revenir pendant 30 secondes.

4. Ajouter les palourdes et remuer pour mélanger pendant 1 minute. Ajouter le bouillon et le sherry : porter à ébullition. Couvrir et laisser cuire pendant 3 minutes ou jusqu'à ce que les palourdes soient ouvertes. Remuer la poêle à l'occasion pour une cuisson uniforme.

5. Ajouter la sauce et remuer jusqu'à ce qu'elle épaississe, environ 1 minute. Ajouter les oignons verts, bien mélanger et servir.

Donne 4 portions

Haricots noirs fermentés (Tou shih)

Les Chinois faisaient fermenter les haricots noirs avant même de fabriquer de la sauce de soja, car ils sont faciles à préparer et à transporter. Avant de les utiliser, il faut les rincer et les assécher sur un papier absorbant. La sauce de haricots noirs classique contient de l'ail, du gingembre, des haricots noirs fermentés, du vin et, parfois, dans les plats de viande, un peu de pelure de tangerine séchée.

Par portion :
113 calories
7 g glucides
13 g protéines
3 g gras
tr gras saturé
16 mg cholestérol
tr fibres
360 mg sodium
405 mg potassium
Excellente source de : vitamines C et B_{12}, fer
Bonne source de : vitamine A, zinc

Volaille

Soupe au canard citronné Chiu Chow

Ce potage évoque l'heureux temps où la marmite de soupe mijotait doucement du matin jusqu'au repas du soir. La viande mêlée aux légumes et aux épices peut être servie dans la soupe ou à part.

1	**canard de 1,5 kg (3 lb)**	**1**
1/2	**citron**	**1/2**
20	**grains de poivre, entiers**	**20**
5	**clous de girofle**	**5**
3 l	**eau froide**	**12 tasses**

Garniture :

5 ml	**sauce de soja**	**1 c. à thé**
5 ml	**huile de sésame**	**1 c. à thé**
5 ml	**pâte de piment forts (p. 10)**	**1 c. à thé**
25 ml	**bouillon épaissi vite fait (p. 2)**	**2 c. à soupe**
1 ml	**ail émincé**	**1/4 c. à thé**
250 ml	**carottes en julienne**	**1 tasse**
250 ml	**concombre en julienne**	**1 tasse**

1. Enlever la peau et tout le gras visible du canard. Le couper en quartiers et bien le rincer à l'eau froide. Idéalement, faire blanchir les morceaux de canard dans de l'eau bouillante pendant 2 minutes. Retirer le canard pour obtenir un bouillon plus clair.
2. Pour le bouquet garni : déposer le citron, les grains de poivre et les clous de girofle dans un coton à fromage et nouer celui-ci.
3. Ajouter le reste de l'eau froide au bouillon (si nécessaire), le canard et le bouquet garni dans une grosse cocotte, non couverte, et porter lentement à ébullition à feu moyen. Écumer de temps en temps. Réduire à feu doux, couvrir et laisser mijoter de 2 à 2 1/2 heures ou jusqu'à ce que la chair soit tendre et se détache facilement des os.
4. Retirer le canard et le bouquet garni. Jeter les os et trancher le canard. Dégraisser le bouillon. Réfrigérer la soupe pendant quelques heures et enlever le gras figé à la surface.
5. Dans un grand bol, combiner la sauce de soja, l'huile de sésame, la pâte de piment forts, le bouillon épaissi et l'ail; bien mélanger. Ajouter la chair du canard et les légumes : bien remuer. Diviser ce mélange dans des bols, verser le bouillon et servir. On peut aussi servir le bouillon seul, garni d'oignon vert et de feuilles de menthe hachées, puis servir la viande et les légumes à part.

Donne 8 portions

Graisse de canard

Comme le canard est un oiseau très gras, prenez soin d'enlever tout le gras visible avant de le cuire. Si l'on prépare le bouillon la veille, il figera à la surface au cours de la réfrigération et sera d'autant plus facile à éliminer.

Par portion :
210 calories
7 g glucides
21 g protéines
11 g gras
4 g gras saturé
76 mg cholestérol
3 g fibres
116 mg sodium
332 mg potassium
Excellente source de : vitamine A, riboflavine et zinc
Bonne source de : fibres, vitamines E et B_{12}, thiamine, niacine et fer

Poulet émincé enveloppé de laitue

Voici une spécialité du nouvel An à base de gibier à plumes et d'huîtres séchées. On choisit de préférence l'enveloppe de laitue ou sung choy parce que le mot sung signifie « être vivant »; pour les Chinois, la laitue symbolise en effet la longévité.

4	champignons chinois séchés, réhydratés et finement coupés en dés	4
1	paquet de 60 g (2 oz) de nouilles transparentes, réhydratées et grossièrement coupées	1

Poulet et marinade :

500 g	poitrines de poulet désossées, sans la peau, coupées en petits dés	1 lb
2 ml	poivre	1/2 c. à thé
15 ml	sherry sec	1 c. à soupe
7 ml	fécule de maïs	1 1/2 c. à thé
15 ml	huile de canola	1 c. à soupe
1	petit oignon, coupé en dés	1
250 ml	carottes coupées en dés	1 tasse
250 ml	tiges de brocoli coupées en dés	1 tasse
8	châtaignes d'eau, pelées et coupées en dés	8
125 ml	bouillon épaissi vite fait (p. 2)	1/2 tasse
5 ml	sauce de soja	1 c. à thé
15 ml	sauce hoisin	1 c. à soupe
5 ml	huile de sésame	1 c. à thé
25 ml	coriandre hachée	2 c. à soupe
12	feuilles de laitue iceberg	12

1. Préparer la marinade et laisser macérer le poulet 10 minutes.
2. Dans un wok, chauffer l'huile à feu vif. Ajouter l'oignon et le poulet : faire revenir pendant 1 minute.
3. Réduire à feu moyen-vif, ajouter les champignons, les carottes et les tiges de brocoli; faire revenir pendant 2 minutes.
4. Ajouter les châtaignes d'eau, les nouilles hachées, le bouillon épaissi, la sauce de soja, la sauce hoisin et l'huile de sésame; poursuivre la cuisson pendant 2 minutes ou jusqu'à ce que les légumes soient tendres et le liquide, absorbé. Retirer du feu et ajouter la coriandre hachée.
5. Servir le poulet dans une grande assiette bordée de feuilles de laitue; les convives envelopperont eux-mêmes le poulet.

Donne 6 portions

Un truc

Pour que le poulet soit plus facile à couper en dés ou en tranches, mettez-le au congélateur pendant environ une demi-heure ou jusqu'à ce qu'il commence à geler, puis coupez-le. Ce truc vaut également pour le poisson et les viandes.

Par portion :
191 calories
19 g glucides
17 g protéines
5 g gras
1 g gras saturé
42 mg cholestérol
2 g fibres
229 mg sodium
440 mg potassium
Excellente source de : vitamine A, niacine
Bonne source de : vitamines C, D et B_6 et acide folique

Salade chaude au poulet, au cresson et au pamplemousse

Le pomélo s'est consommé pendant des siècles en Indochine avant de recevoir le nom de shaddock en l'honneur du capitaine Shaddock qui l'introduisit aux Antilles vers le milieu du XVIIe siècle. Selon la plupart des sources, le pomélo a été croisé avec l'orange sucrée pour donner le pamplemousse. Sa longue carrière commerciale s'est amorcée en Floride vers 1880.

Vinaigrette :

25 ml	**jus de lime**	**2 c. à soupe**
20 ml	**sauce de poisson**	**4 c. à thé**
15 ml	**sucre brun**	**1 c. à soupe**
50 ml	**bouillon de poulet (p. 3) ou de légumes à la chinoise (p. 5)**	**1/4 tasse**
2	**gousses d'ail, écrasées**	**2**
1	**petit piment rouge, épépiné et tranché**	**1**
1	**tige de citronnelle, bulbe charnu seulement, finement tranchée en diagonale**	**1**

1	**botte de cresson, lavé et nettoyé**	**1**
1	**pomélo (ou 2 pamplemousses), pelé et coupé en quartiers**	**1**
500 g	**poitrines de poulet, sans la peau et désossées**	**1 lb**
7 ml	**huile d'olive**	**1 1/2 c. à thé**

1. Combiner les ingrédients de la vinaigrette et réserver.

2. Disposer le cresson au centre de chaque assiette. Disposer les quartiers de pomélo ou de pamplemousse autour du cresson.

3. Couper le poulet en lanières. Dans une poêle antiadhésive, chauffer l'huile à feu moyen. Ajouter les lanières de poulet et faire revenir jusqu'à ce qu'elles soient bien dorées, environ 2 minutes.

4. Ajouter la vinaigrette et laisser bouillir pendant 1 minute.

5. Diviser le mélange de poulet chaud en portions individuelles et disposer sur le cresson dans chaque assiette. Servir.

Donne 4 portions

Pomélo
Pamplemousse chinois

Lorsque vous achetez des pomélos, choisissez-les lourds et très aromatiques. Une écorce lisse et épaisse indique généralement la fraîcheur du fruit, mais plusieurs le coservent encore un certain temps afin qu'il devienne plus doux, plus riche et plus juteux. Les quartiers du pomélo sont gros et n'éclatent pas facilement; les présenter en quartiers rehausse leur apparence.

Par portion :
214 calories
17 g glucides
26 g protéines
5 g gras
1 g gras saturé
67 mg cholestérol
3 g fibres
579 mg sodium
585 mg potassium
Excellente source de :
vitamines C et B_{12}, niacine
Bonne source de :
fibres et vitamine B_6

Poulet sauté aux doliques asperges

Voici une recette de poulet simple et délicieuse. Des haricots verts ordinaires, du pakchoi, de brocoli ou du céleri peuvent également remplacer les doliques asperges (ou haricots verts chinois).

Poulet et marinade :

500 g	poitrines de poulets désossées, sans la peau et émincées	1 lb
15 ml	sauce de soja	1 c. à soupe
15 ml	fécule de maïs	1 c. à soupe
15 ml	eau	1 c. à soupe
15 ml	sherry sec	1 c. à soupe
15 ml	huile de canola	1 c. à soupe
6	tranches épaisses de gingembre	6
1	grosse échalote, finement hachée	1
125 ml	bouillon épaissi vite fait (poulet ou porc) (p. 2)	1/2 tasse
500 g	doliques asperges (ou autre légume vert) lavés et coupés en morceaux de 5 cm (2 po)	1 lb
10 ml	ail émincé	2 c. à thé
15 ml	sauce de poisson	1 c. à soupe
1 ml	sucre	1/4 c. à thé
5 ml	huile de sésame	1 c. à thé
5 ml	poivre blanc ou au goût	1 c. à thé

1. Préparer la marinade et laisser macérer le poulet au moins 30 minutes.

2. Chauffer à feu moyen-vif une poêle ou un wok antiadhésifs. Ajouter l'huile et chauffer jusqu'à ce qu'elle soit très chaude. Ajouter le gingembre et l'échalote; faire frire jusqu'à ce qu'ils deviennent odorants, environ 30 secondes. Ajouter le poulet et faire revenir pendant environ 2 minutes ou jusqu'à ce qu'il devienne opaque. Retirer le poulet et réserver.

3. Ajouter le bouillon épaissi et porter à ébullition. Ajouter les doliques asperges et l'ail; faire revenir pendant 1 minute. Incorporer la sauce de poisson et le sucre. Couvrir et poursuivre la cuisson pendant 2 minutes ou jusqu'à ce que les légumes soient tendres. Découvrir, ajouter l'huile de sésame et bien mélanger.

4. Remettre le poulet dans la poêle ou le wok et cuire jusqu'à l'absorption complète du liquide. Poivrer et servir.

Donne 4 portions

Doliques asperges haricots verts chinois (dow gok)

L'expression « doliques asperges» tient à la fois à leur goût d'asperge ou à leur longueur exceptionnelle : 45 cm (18 po). Cuits, ils prennent une couleur vert brillant. Recherchez des haricots charnus et fermes.

Par portion :
229 calories
14 g glucides
27 g protéines
7 g gras
1 g gras saturé
65 mg cholestérol
4 g fibres
661 mg sodium
514 mg potassium
Excellente source de :
vitamines B_6, et B_{12}, niacine et acide folique
Bonne source de :
vitamine C, fer et fibres

Poulet sauté à la mangue

Ce plat coloré méritait de paraître sur la couverture du livre.

Poulet et marinade :

375 g	poitrines de poulet désossées, sans la peau et tranchées	3/4 lb
7 ml	sauce de soja	1 1/2 c. à thé
1 ml	sel	1/4 c. à thé
1	pincée de poivre blanc	1
5 ml	fécule de maïs	1 c. à thé

Sauce :

10 ml	vinaigre de cidre	2 c. à thé
7 ml	ketchup	1 1/2 c. à thé
7 ml	sucre	1 1/2 c. à thé
25 ml	eau	2 c. à soupe

1	anis étoilé	1
15 ml	huile de canola	1 c. à soupe
1/2	poivron vert moyen, tranché	1/2
1/2	poivron rouge moyen, tranché	1/2
15 ml	gingembre râpé	1 c. à soupe
5 ml	ail	1 c. à thé
1	grosse échalote, hachée	1
2	grosses mangues, pelées et émincées	2
16	morceaux de pacanes, glacées au sésame (p. 12)	16
2	branches de coriandre	2

1. Préparer la marinade et laisser macérer le poulet pendant 30 minutes.

2. Combiner les ingrédients de la sauce et réserver.

3. Briser l'anis étoilé et jeter le centre ligneux. Presser doucement l'anis étoilé jusqu'à ce qu'il craque légèrement.

4. Dans une poêle ou un wok antiadhésifs, chauffer l'huile et l'anis étoilé à feu vif. Ajouter le poulet et faire revenir pendant 3 minutes ou jusqu'à ce qu'il devienne opaque. Ajouter les poivrons, le gingembre, l'ail et l'échalote; faire revenir pendant 1 minute.

5. Ajouter la sauce et remuer jusqu'à ce qu'elle épaississe, environ 1 minute. Incorporer les mangues et remuer délicatement pendant 1 minute ou jusqu'à ce qu'elles soient bien chaudes.

6. Garnir avec les pacanes et la coriandre. Servir.

Donne 4 portions

Mangues

Chez les Asiatiques, la mangue fait figure de reine des fruits. Choisissez des mangues bien charnues et fermes sans être dures. Selon la variété, elles deviennent jaunes, rouges ou vertes à maturité. Les mangues fermes et pas tout à fait mûres sont parfaites pour la cuisine. Coupez-les le long des côtés plus plats de l'ovale à environ 1 cm (1/2 po) de la ligne du centre. Si vous touchez le noyau plat, coupez tout autour. Pelez le fruit.

Par portion :
269 calories
26 g glucides
21 g protéines
10 g gras
1 g gras saturé
50 mg cholestérol
4 g fibres
210 mg sodium
420 mg potassium
Excellente source de : vitamines A et C, niacine
Bonne source de : vitamines E et B_6, fibres et acide folique

Cailles grillées à l'orange

Ne disposant que d'une cuisinette à la maison, mon barbecue est une bénédiction. Je peux faire mariner ce plat toute une nuit, faire cuire les cailles à l'extérieur, quitte à préparer quelques autres plats dans mon espace restreint. Servez une caille en guise d'entrée ou deux cailles accompagnées de légumes ou de riz en guise de plat principal.

8	cailles	8

Marinade :

15 ml	gingembre râpé	1 c. à soupe
2	oignons verts, finement hachés	2
3	gousses d'ail, pelées et émincées	3
45 ml	sauce de soja	3 c. à soupe
10 ml	zeste d'orange râpé	2 c. à thé
25 ml	concentré de jus d'orange	2 c. à soupe
25 ml	saké ou de vin blanc	2 c. à soupe
2 ml	poudre de Cinq épices	1/2 c. à thé
5 ml	flocons de piment rouge	1 c. à thé
25 ml	miel ou sucre brun	2 c. à soupe
1	orange, tranchée, pour garnir	1

1. Couper chaque caille en deux le long de l'épine dorsale. Enlever l'épine dorsale et le cou. Placer chaque caille sur le dos et l'aplatir.

2. Dans une petite casserole, combiner tous les ingrédients de la marinade et les chauffer à feu doux en remuant jusqu'à ce que le miel (ou le sucre brun) ait fondu.

3. Placer les cailles et la marinade dans un grand sac de plastique ou à congélation. Enlever l'air et sceller. Bien enduire les cailles de marinade et réfrigérer pendant 2 heures ou toute une nuit.

4. Huiler la grille, puis chauffer le barbecue à feu moyen-vif. Retirer les cailles de la marinade et réserver celle-ci pour arroser pendant la cuisson.

5. Cuire les cailles sur le barbecue, d'abord la peau contre la grille pendant 3 ou 4 minutes jusqu'à ce qu'elles soient dorées. Les arroser et les tourner souvent. Servir avec de la salade de chou à la chinoise (p. 122) ou sur un lit de laitue croustillante râpée. Garnir de tranches d'orange.

Donne 8 portions en entrée

Cailles

Comme la caille est un oiseau assez maigre, vous pouvez manger un peu de peau, mais, auparavant, prenez soin d'enlever les parties grasses.

Par portion :
242 calories
8 g glucides
22 g protéines
13 g gras
4 g gras saturé
83 mg cholestérol
traces fibres
445 mg sodium
301 mg potassium
Excellente source de : vitamine B_6, niacine et fer
Bonne source de: vitamine B_{12}, thiamine et riboflavine

Dinde aigre-douce frite au four et sauce à l'ail confit

Cette technique simple parvient à donner le goût de la cuisson à grande friture.

Enrobage de la viande :

125 ml	corn-flakes broyés	1/2 tasse
25 ml	fécule de maïs	2 c. à soupe
2 ml	poivre	1/2 c. à thé
10 ml	paprika	2 c. à thé
500 g	viande de dinde désossée, sans la peau	1 lb
1	blanc d'œuf, légèrement battu	1
	huile végétale en atomiseur	

Sauce :

4	gousses d'ail, tranchées dans le sens de la longueur	4
90 ml	sucre	5 c. à soupe
125 ml	vinaigre de vin blanc	1/2 tasse
2 ml	flocons de piment rouge	1/2 c. à thé
50 ml	poivron rouge finement tranché	1/4 tasse

1. Préchauffer le four à 200 °C/400 °F.

2. Combiner les ingrédients de l'enrobage dans un sac en plastique et réserver.

3. Couper la dinde en cubes de 1 cm (1/2 po). Passer la dinde dans le blanc d'œuf, puis la secouer dans le sac en plastique.

4. Vaporiser légèrement d'huile végétale une plaque à biscuits. Disposer les cubes de dinde sur la plaque et cuire au four pendant 20 minutes. Retirer la dinde du four et la laisser reposer pendant 5 minutes.

5. Entre-temps, combiner les ingrédients de la sauce dans une casserole moyenne et porter à ébullition. Poursuivre la cuisson jusqu'à ce que la sauce réduise et prenne une couleur brun clair. Ajouter la dinde à la sauce.

6. Ajouter le poivron rouge tranché, couvrir et chauffer à feu moyen pendant 1 minute. Transférer sur un plat de service et servir.

Donne 4 portions

Par portion :
355 calories
39 g glucides
36 g protéines
6 g gras
2 g gras saturé
86 mg cholestérol
1 g fibres
240 mg sodium
461 mg potassium
Bonne source de :
vitamines B_6 et B_{12}, riboflavine, niacine et fer

Poulet au cari et ragoût de tubercules rôtis

250 g	pommes de terre	1/2 lb
250 g	patates douces	1/2 lb
250 g	taro ou panais pelé	1/2 lb
15 ml	huile d'olive	1 c. à soupe
5 ml	poivre	1/2 c. à thé

Sauce :

375 ml	bouillon de veau ou de poulet	1 1/2 tasse
15 ml	poudre de cari	1 c. à soupe
2 ml	poudre de cinq épices	1/2 c. à thé
7 ml	sauce de soja, sauce d'huîtres (de chaque)	1 1/2 c. à thé

375 g	poulet désossé, sans la peau, coupé en morceaux de 2,5 cm (1 po)	3/4 lb
1 ml	sel	1/4 c. à thé
50 ml	farine	1/4 tasse
7 ml	huile de canola	1 1/2 c. à thé
3	tranches de gingembre	3
1	oignon, tranché	1
2	gousses d'ail, pelées et écrasées	2
2	oignons verts, coupés en huit	2

1. Peler les légumes et les couper en dés de 2,5 cm (1 po). Combiner l'huile d'olive et le poivre. Enduire les légumes de ce mélange. Étaler les légumes dans une rôtissoire. Cuire au four à 200 °C/400 °F environ 25 minutes.

2. Combiner les ingrédients de la sauce et réserver. Saler le poulet.

3. Dans un sac en plastique ou en papier, mettre la farine et secouer le poulet pour bien l'enrober. Jeter l'excédent de farine.

4. Environ 5 minutes avant que les légumes ne soient cuits, chauffer à feu moyen-vif une grande poêle ou un wok antiadhésifs. Ajouter l'huile, le gingembre et le poulet; faire revenir pendant 1 minute. Ajouter l'oignon et l'ail; faire revenir jusqu'à ce que tous les ingrédients soient bien dorés, environ 2 ou 3 minutes.

5. Ajouter la sauce et porter à ébullition. Réduire le feu, couvrir et laisser mijoter pendant 5 minutes. Ajouter les légumes rôtis, bien mélanger, couvrir et laisser mijoter pendant 3 minutes, en remuant de temps en temps.

6. Ajouter les oignons verts. Poursuivre la cuisson à feu moyen-vif pendant 1 ou 2 minutes ou jusqu'à épaississement de la sauce.

Donne 4 portions

Taro

La taille des tubercules varie des dimensions d'une petite pomme de terre à celles d'un melon. Ils ont une pelure brune, rude, marquée de cercles, et un fin duvet. La chair blanc cassé porte de minuscules points mauves. Les pommes de terre, les panais, les navets, ou même les courges dures peuvent être substitués au taro.

Par portion :
470 calories
62 g glucides
28 g protéines
12 g gras
2 g gras saturé
76 mg cholestérol
7 g fibres
443 mg sodium
1 019 mg potassium
Excellente source de : vitamines A, E et B_6, niacine et fibres
Bonne source de : vitamine C, thiamine, riboflavine, calcium et fer

Dinde Kung Pao aux amandes grillées

Le plat typique du Sichuan en est un de poulet et d'arachides. Selon la légende, ce plat tiendrait son nom d'un fonctionnaire de la cour appelé Ting. Précepteur du prince (Kung Pao, vers 1800), il a contribué à faire disparaître un fonctionnaire corrompu qui terrorisait le peuple.

Dinde et marinade :

500 g	poitrines de dinde désossées, sans la peau, coupées en cubes de 2,5 cm (1 po)	1 lb
25 ml	sherry	2 c. à soupe
15 ml	fécule de maïs	1 c. à soupe
1 ml	sel	1/4 c. à thé
	Une pincée de poivre	

Sauce :

25 ml	eau ou bouillon de poulet (p. 3)	2 c. à soupe
15 ml	sauce de soja	1 c. à soupe
7 ml	pâte de haricots pimentée	1 1/2 c. à thé
25 ml	vinaigre de cidre	2 c. à soupe
10 ml	sucre	2 c. à thé
10 ml	fécule de maïs	2 c. à thé

15 ml	huile de canola	1 c. à soupe
25 ml	oignon haché	2 c. à soupe
5 ml	ail émincé	1 c. à thé
10 ml	gingembre émincé	2 c. à thé
1/2	poivron vert, coupé en gros dés	1/2
1/2	poivron rouge, coupé en gros dés	1/2
45 ml	bouillon de poulet	3 c. à soupe
50 ml	amandes grillées, avec la peau	1/4 tasse

1. Préparer la marinade et faire macérer la dinde pendant 20 minutes.

2. Combiner les ingrédients pour la sauce et réserver.

3. Dans une grande poêle ou un wok, chauffer l'huile à feu moyen-vif. Ajouter l'oignon, l'ail et le gingembre; faire revenir 30 secondes.

4. Ajouter les cubes de dinde : faire revenir jusqu'à ce que la dinde devienne opaque et commence à brunir, environ 3 minutes. Incorporer les poivrons; faire revenir pendant 30 secondes. Ajouter le bouillon et poursuivre la cuisson pendant 1 minute.

5. Augmenter le feu à vif; ajouter la sauce et les amandes: laisser cuire jusqu'à ce que la sauce épaississe et soit presque entièrement absorbée. Donne 4 portions

Par portion :
316 calories
10 g glucides
36 g protéines
14 g gras
3 g gras saturé
86 mg cholestérol
1 g fibres
623 mg sodium
475 mg potassium
Excellente source de :
vitamine E
Bonne source de :
vitamines B_6 et B_{12}, fer et niacine

Canard poêlé

Les canards laqués qui pendent dans les vitrines des épiceries chinoises sont alléchants, mais hélas, ils ne sont pas pour vous! Voici un succulent substitut. Si vous prenez la peine d'enlever la peau du canard après la cuisson, il ne restera presque plus de gras.

Canard et marinade :

5 ml	**gingembre finement râpé**	**1 c. à thé**
2 ml	**ail émincé**	**1/2 c. à thé**
2 ml	**poudre de Cinq épices**	**1/2 c. à thé**
15 ml	**sauce hoisin**	**1 c. à soupe**
1 ml	**sel**	**1/4 c. à thé**
15 ml	**sherry sec**	**1 c. à soupe**
15 ml	**miel**	**1 c. à soupe**
7 ml	**huile de sésame**	**1 1/2 c. à thé**
15 ml	**bouillon de poulet (p. 3) ou eau**	**1 c. à soupe**
4	**poitrines de canard désossées, avec la peau**	**4**

1. Chauffer une petite casserole à feu doux. Ajouter tous les ingrédients de la marinade et chauffer jusqu'à ce que le miel ait fondu et soit bien mêlé au reste.

2. Verser la marinade dans un sac de plastique; déposer les poitrines dans le sac et le sceller. Réfrigérer pendant 4 heures ou toute une nuit après avoir pris soin de bien enrober les poitrines de canard.

3. Retirer le canard de la marinade et piquer la peau à plusieurs endroits. Faire bouillir la marinade pendant 5 minutes et réserver pour arroser le canard pendant la cuisson.

4. Chauffer une poêle antiadhésive à feu moyen-vif et faire frire les poitrines de canard du côté de la peau, jusqu'à ce qu'elles soient dorées : environ 2 minutes. Retirer le gras. Tourner les poitrines et les faire brunir pendant environ 2 minutes. Arroser de marinade les deux côtés des poitrines et sous la peau. Enlever l'excès de gras.

5. Placer la rôtissoire dans le four préchauffé à 200 °C/400 °F et faire rôtir le canard, du côté de la peau, pendant 15 minutes. Retirer du four et laisser reposer pendant 5 minutes au-dessus de la hotte de ventilation du four.

6. Enlever la peau. Couper les poitrines de canard en petites tranches. Les servir accompagnées de salade de chou à la chinoise (p. 122).

Donne 4 portions

Par portion :
243 calories
5 g glucides
34 g protéines
9 g gras
2 g gras saturé
128 mg cholestérol
traces fibres
396 mg sodium
482 mg potassium
Excellente source de :
vitamines B_6 et B_{12},
thiamine, riboflavine
et fer
Bonne source de :
niacine et acide folique

Viande

Filet de porc braisé aux chayotes

À Hong Kong, il y a quelques années, je redécouvrais avec bonheur ce plat familier du temps de mon enfance. On peut y ajouter des fruits de mer, par exemple des crevettes ou des calmars; des morceaux de courge ou de carotte ajoutent de la couleur et de la variété. À défaut de chayotes, utilisez des courgettes, mais veillez à réduire le temps de cuisson.

Porc et marinade :

500 g	filet de porc très maigre, coupé en médaillons de 1 cm (1/2 po) d'épaisseur	1 lb
10 ml	ail émincé	2 c. à thé
15 ml	gingembre émincé	1 c. à soupe
2 ml	poudre de cinq épices	1/2 c. à thé
1 ml	sel	1/4 c. à thé
25 ml	sherry sec	2 c. à soupe
15 ml	fécule de maïs	1 c. à soupe
7 ml	huile de canola	1 1/2 c. à thé
250 ml	bouillon de poulet (p. 3) ou riche bouillon de porc (p. 8)	1 tasse
3	chayotes moyennes, pelées, ou 4 courgettes, coupés en languettes	3
7 ml	sauce de poisson	1 1/2 c. à thé
2 ml	sucre	1/2 c. à thé
1 ml	poivre blanc	1/4 c. à thé

1. Préparer la marinade et laisser macérer les médaillons de porc pendant 30 minutes.

2. Chauffer à feu vif une poêle ou un wok antiadhésifs et y verser l'huile. Ajouter les médaillons de porc et les faire frire jusqu'à ce qu'ils soient dorés, environ 1 minute de chaque côté. Retirer du feu et garder chaud.

3. Ajouter le bouillon et remuer. Ajouter les chayotes et porter à ébullition. Assaisonner de la sauce de poisson, du sucre et du poivre. Réduire à feu moyen, couvrir et braiser pendant 20 minutes ou jusqu'à ce que les chayotes soient tendres. Rajouter du bouillon si nécessaire.

4. Augmenter à feu vif, ajouter le porc et bien mélanger. Cuire à feu vif pendant 1 minute ou jusqu'à ce que la sauce épaississe légèrement. Disposer joliment les médaillons de porc et les chayotes. Servir.

Donne 4 portions

Chayote
Melon de bouddha (mirliton)

Les chayotes sont des courges à pelure vert tendre luisante, et dont la chair douce et blanche sécrète une sève blanche une fois coupée. Braisées ou sautées, elles sont sucrées et délicieuses. Avant de les utiliser, enlevez la mince pelure, coupez-les en deux et dénoyautez comme s'il s'agissait d'un avocat.

Par portion :
269 calories
12 g glucides
36 g protéines
8 g gras
3 g gras saturé
108 mg cholestérol
5 g fibres
251 mg sodium
772 mg potassium
Excellente source de : vitamines B_6 et B_{12}, thiamine, riboflavine, niacine et zinc
Bonne source de : vitamine C, fibres, acide folique et fer

Bœuf aux tomates et aux haricots verts

Les tomates, les patates douces et les piments rouges forts ont été introduits en Chine vers 1500 par les explorateurs espagnols et portugais qui les apportaient du Nouveau Monde par l'Indonésie et les Philippines. Ces légumes sont courants dans la cuisine chinoise contemporaine. Les Chinois pèlent rarement les tomates. Si vous tenez à les peler, un truc vous est proposé, ci-contre.

Bœuf et marinade :

250 g	bœuf de surlonge maigre, émincé	1/2 lb
15 ml	sauce de soja	1 c. à soupe
2 ml	sucre	1/2 c. à thé
15 ml	sherry sec	1 c. à soupe
1 ml	poivre noir	1/4 c. à thé
7 ml	fécule de maïs	1 1/2 c. à thé

15 ml	huile de canola	1 c. à soupe
500 g	tomates italiennes fraîches, coupées en quartiers	1 lb
1	petit oignon, tranché	1
10 ml	ail émincé	2 c. à thé
5 ml	gingembre	1 c. à thé
250 g	haricots verts, équeutés et coupés diagonalement en morceaux de 5 cm (2 po)	1/2 lb

1. Préparer la marinade et laisser macérer le bœuf pendant 20 minutes.

2. À feu moyen-vif, chauffer une poêle ou un wok antiadhésifs et y verser l'huile. Saisir le bœuf, en séparant les tranches pour qu'elles cuisent également, pendant 1 minute ou jusqu'à ce que la viande soit presque à point. Retirer de la poêle ou du wok et réserver.

3. Ajouter les tomates, l'oignon, l'ail et le gingembre; cuire pendant 1 minute. Ajouter les haricots verts et bien mélanger. Couvrir et poursuivre la cuisson pendant 3 minutes ou jusqu'à ce que les haricots soient tendres. Ajouter le bœuf et bien mélanger pendant 1 minute. Servir dans une assiette creuse.

Donne 4 portions

Pour peler des tomates

Sous chaque tomate, tailler une petite croix juste assez profonde pour couper la pelure. Faites blanchir les tomates pendant environ 45 secondes. Retirez-les et passez-les à l'eau froide. La peau s'enlèvera sans difficulté à partir de l'incision.

Par portion :
183 calories
14 g glucides
16 g protéines
7 g gras
2 g gras saturé
38 mg cholestérol
4 g fibres
301 mg sodium
600 mg potassium
Excellente source de : vitamines C et B_{12}, zinc
Bonne source de : vitamines A et B_6, acide folique, fer, fibres et niacine

Bœuf épicé au pakchoi

Voir photo, page 65

Délicieux sans accompagnement ou sur un lit de nouilles plates (sha ho fun), voici mon plat de bœuf préféré. La photo ne témoigne-t-elle pas de son caractère appétissant? Utilisez du pakchoi sum (« cœur de pakchoi »), du pakchoi tendre (baby bok choy), du gai lon ou même du brocoli ordinaire.

Bœuf et marinade :

375 g	bœuf maigre (bifteck de surlonge), tranché mince	3/4 lb
15 ml	sauce de soja	1 c. à soupe
15 ml	fécule de maïs	1 c. à soupe
2 ml	sucre	1/2 c. à thé
25 ml	eau	2 c. à soupe
15 ml	sherry sec	1 c. à soupe

Sauce :

125 ml	bouillon de veau (p. 7) ou bouillon de poulet (p. 3)	1/2 tasse
10 ml	sauce d'huîtres	2 c. à thé
15 ml	sauce Satay	1 c. à soupe
15 ml	eau	1 c. à soupe
5 ml	fécule de maïs	1 c. à thé

50 ml	bouillon de poulet ou de légumes (p. 4)	1/4 tasse
500 g	pakchoi tendre rincé, nettoyé et coupé en morceaux	1 lb
2 ml	sucre (facultatif)	1/2 c. à thé
15 ml	ail émincé	1 c. à soupe
5 ml	huile de sésame	1 c. à thé
15 ml	huile de canola	1 c. à soupe
6	tranches épaisses de gingembre	6
2	grosses échalotes, tranchées finement	2
2	piments rouges (facultatif)	2

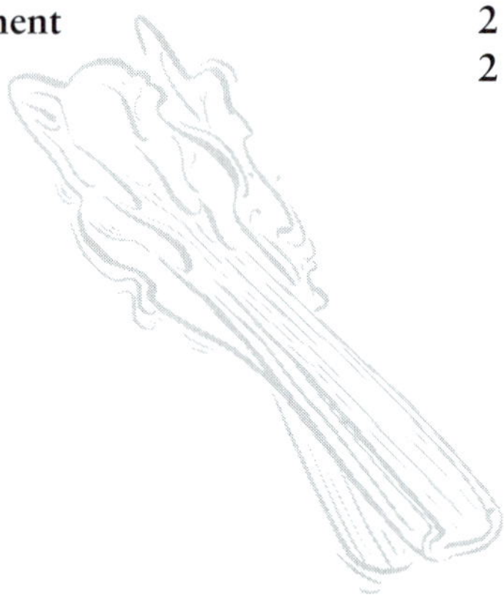

Sauce Satay (Sha Cha Chiang)

Il y a plus de mille ans, les marchands importaient en Chine cette sauce originaire du sud-est de l'Asie. Elle contient selon diverses proportions des crevettes, du poisson séché, de l'ail, du piment fort, de la coriandre, de l'anis étoilé et des arachides. J'utilise la marque dont le logo sur l'étiquette dorée est un panda. Cette sauce peut être mélangée à d'autres ingrédients ou accompagner des viandes et des fruits de mer cuits sur le barbecue. Gardez-en toujours à portée de la main.

1. Préparer la marinade et laisser macérer le bœuf pendant au moins 30 minutes ou toute une nuit.

2. Combiner les ingrédients de la sauce et réserver.

3. Chauffer le wok et le bouillon à feu moyen-vif. Ajouter le pakchoi, le sucre et l'ail; faire revenir pendant 1 minute. Couvrir et laisser cuire 2 minutes ou jusqu'à ce que le pakchoi soit tendre. Découvrir et remuer jusqu'à ce que le liquide soit absorbé, environ 1 minute. Ajouter l'huile de sésame et remuer pour bien mélanger. Retirer les légumes et les garder chauds. Rincer et assécher le wok.

4. Chauffer le wok à feu vif et ajouter l'huile. Lorsque l'huile commence à fumer, ajouter le gingembre, les échalotes et les piments forts; faire frire ces ingrédients brièvement, jusqu'à ce qu'ils deviennent odorants. Ajouter le bœuf et remuer en vue d'une cuisson uniforme pendant 1 ou 2 minutes ou jusqu'à ce que la viande pâlisse. Ajouter la sauce et faire revenir le tout pendant 1 minute ou jusqu'à ce que la sauce épaississe. Disposer également sur les légumes ou ajouter les légumes à la viande. Servir immédiatement.

Donne 4 portions

Par portion :
288 calories
11 g glucides
27 g protéines
15 g gras
4 g gras saturé
72 mg cholestérol
1 g fibres
756 mg sodium
738 mg potassium
Excellente source de :
vitamines C, B_{12}, B_6, et A, acide folique, zinc et fer
Bonne source de :
riboflavine et niacine

Osso buco d'agneau à la chinoise

Les Chinois croient que les coupes de viande gélatineuse, comme d'ailleurs les autres aliments gélatineux, gardent le corps souple. J'adore l'osso buco pour son goût et sa texture, d'où cette recette multiethnique.

Pour varier, vous pouvez remplacer l'agneau par du bœuf ou du veau et ajouter des tubercules ou des courges. Si vous aimez les plats épicés, ajoutez quelques tranches de piment rouge, ou un ou deux piments forts séchés. Pour un repas consistant, accompagnez ce plat de riz brun au gingembre (p. 29).

Liquide à braiser :

1	morceau de gingembre de 2,5 cm (1 po), écrasé	1
10 ml	poudre de cinq épices	2 c. à thé
2	morceaux d'écorce de tangerine, rincée	2
25 ml	sauce de soja aux champignons	2 c. à soupe
500 ml	bouillon de poulet (p. 3)	2 tasses
15 ml	huile de canola	1 c. à soupe
8	petites échalotes entières, pelées	8
4	gousses d'ail, pelées	4
750 g	jarret d'agneau désossé, coupé en 6 morceaux	1 1/2 lb
75 ml	farine	1/3 tasse
125 ml	sherry sec ou vin blanc	1/2 tasse
1	morceau de daikon ou de navet blanc de 15 cm (6 po)	
1	petit daikon vert ou navet	1
1	grosse carotte	1
5	tranches de gingembre, épaisses	5
4	oignons verts, coupés en quartiers	4
15 ml	vinaigre balsamique ou vinaigre chinois noir	1 c. à soupe

Daikon
Radis blanc chinois
(lo bak)

Il existe deux variétés de ce gros radis : le blanc et le vert. Dans les potages et les pot-au-feu, la variété blanche, plus longue (30 cm ou 12 po) est légère et quelque peu sucrée. La variété verte, plus petite, est légèrement pâteuse et d'une saveur beaucoup plus prononcée : je la préfère dans les plats braisés. Les navets demeurent de parfaits substituts.

1. Peler les daikons ou les navets et les carottes; les couper en morceaux assez gros.

2. Dans une casserole moyenne, combiner tous les ingrédients du liquide à braiser et porter à ébullition. Réduire à feu doux et laisser mijoter.

3. Chauffer l'huile dans une poêle antiadhésive. Ajouter les échalotes et l'ail; faire revenir jusqu'à ce qu'ils soient dorés.

4. Enfariner les morceaux d'agneau; les passer dans la poêle et les faire brunir de tous les côtés. Les retirer de la poêle et les plonger dans le liquide à braiser. Couvrir et faire mijoter en remuant de temps en temps pendant une trentaine de minutes.

5. Ajouter le sherry et les légumes dans la poêle. Laisser cuire pendant 2 minutes ou jusqu'à ce que le liquide soit absorbé. Réserver.

6. Après les 30 minutes de cuisson, ajouter à la viande le mélange de légumes et cuire à feu doux pendant 30 autres minutes ou jusqu'à ce que les jarrets de veau et les légumes soient tendres; vérifier en les piquant à l'aide d'une fourchette. Remuer de temps en temps pour favoriser une cuisson uniforme. Pour éclaircir le liquide si nécessaire, ajouter de petites quantités d'eau. Lorsque la viande est cuite, retirer l'écorce de tangerine et le gingembre.

7. Pour servir, faire chauffer une cocotte chinoise en terre cuite ou en fonte jusqu'à ce qu'elle soit très chaude. Y mettre le gingembre et les oignons verts, puis ajouter le vinaigre et le ragoût chaud. Remuer pour bien mélanger et porter à grande ébullition. Servir pendant que le plat bouillonne.

Donne 6 portions

Par portion :
257 calories
13 g glucides
22 g protéines
12 g gras
4 g gras saturé
72 mg cholestérol
1 g fibres
497 mg sodium
446 mg potassium
Excellente source de :
vitamines A, C et B_{12},
zinc
Bonne source de :
fer et acide folique

Médaillons de gibier au gingembre mariné

Les Chinois croient que le gibier fortifie et réchauffe le corps. Le gibier était une viande à ce point précieuse qu'il a inspiré des métaphores. Par exemple, «chasser le cerf» signifiait conquérir un territoire contesté.

15 ml	**sauce de soja**	**1 c. à soupe**
125 ml	**bouillon de veau (p. 7) ou bouillon de poulet (p. 3)**	**1/2 tasse**
10 ml	**fécule de maïs**	**2 c. à thé**
375 g	**longe de gibier, coupée dans le sens contraire du grain en médaillons de 1,25 cm (1/2 po)**	**3/4 lb**
1 ml	**sel**	**1/4 de c. à thé**
10 ml	**poivre noir grossièrement moulu**	**2 c. à thé**
15 ml	**huile de canola**	**1 c. à soupe**
25 ml	**sherry sec**	**2 c. à soupe**
2	**gousses d'ail, émincées**	**2**
1	**petit oignon, tranché**	**1**
8	**tranches de gingembre mariné, coupées en julienne**	**8**
15 ml	**marinade de gingembre**	**1 c. à soupe**
1	**gros poivron vert, épépiné et coupé en gros dés**	**1**
1	**petit poivron rouge, épépiné et coupé en gros dés**	**1**

1. Mélanger la sauce de soja, le bouillon et la fécule de maïs. Réserver.
2. Saler les médaillons de gibier et bien les poivrer.
3. Chauffer un wok ou une poêle antiadhésifs à feu vif et y verser l'huile. Saisir les médaillons de gibier jusqu'à ce qu'ils soient presque à point, environ 1 minute de chaque côté. Retirer du feu et laisser reposer.
4. Ajouter le sherry, l'ail, l'oignon, le gingembre, le jus de gingembre et mélanger le tout pendant 30 secondes.
5. Ajouter les poivrons et mélanger encore pendant 30 secondes. Incorporer la sauce et bien mélanger. Couvrir et laisser cuire 1 minute ou jusqu'à ce que les poivrons soient tendres, mais croustillants.
6. Ajouter aux légumes le gibier et les jus de viande. Bien mélanger. Laisser cuire pendant 1 minute ou jusqu'à ce que la sauce épaississe légèrement. Disposer joliment le gibier sur les poivrons et servir.

Donne 4 portions

Gingembre mariné

Les fines tranches de gingembre mariné dans du vinaigre de riz doux ont une saveur particulière qui rehausse les autres épices. Le gingembre mariné est utilisé partout en Asie, mais c'est à titre d'accompagnement du sushi qu'il est surtout connu. On le vend en pot dans les marchés ou les supermarchés asiatiques.

Par portion :
197 calories
6 g glucides
27 g protéines
6 g gras
1 g gras saturé
95 mg cholestérol
1 g fibres
706 mg sodium
433 mg potassium
Excellente source de : vitamines C et B_{12}, fer, niacine et zinc
Bonne source de : riboflavine

Ragoût aux trois haricots et tofu frit au cari, page 109 >

Bœuf épicé à la tangerine

Bœuf et marinade :

3	gros morceaux d'écorce de tangerine	3
750 g	haut de surlonge ou entrecôte	1 1/2 lb
125 ml	eau bouillante	1/2 tasse
3	grosses gousses d'ail, émincées	3
2	oignons verts, coupés en quartiers	2
1	morceau de gingembre frais de 5 cm (2 po), écrasé	1
10 ml	sauce d'huîtres	2 c. à thé
10 ml	sauce de soja	2 c. à thé
45 ml	sherry sec	3 c. à soupe
25 ml	concentré de jus d'orange	2 c. à soupe
10 ml	sauce de piment à la vietnamienne	2 c. à thé
5 ml	sauce Worcestershire	1 c. à thé
5 ml	sucre	1 c. à thé
15 ml	fécule de maïs	1 c. à soupe
25 ml	eau	2 c. à soupe
6	tranches d'orange	6
3	branches de coriandre fraîche	3

1. Tremper l'écorce de tangerine séchée dans l'eau chaude pendant environ 10 minutes. Hacher, remettre dans l'eau et réduire en purée pour en extraire la saveur.
2. Dans une assiette creuse ou un sac qui ferme hermétiquement, combiner tous les ingrédients de la marinade, y compris le mélange d'écorce de tangerine. Ajouter le bœuf et faire mariner 2 heures ou toute la nuit.
3. Régler le barbecue à feu vif.
4. Retirer le bœuf de la marinade et le débarrasser des résidus solides. Filtrer la marinade dans une passoire très fine et réserver pour badigeonner le bœuf de chaque côté une ou deux fois pendant la cuisson. Faire griller la viande selon la cuisson désirée. La viande peut être cuite sous le gril, ou à la poêle, avec 15 ml (1 c. à soupe) d'huile de canola. Le temps de cuisson est le même, soit environ 2 minutes de chaque côté. (Le plat contient alors 290 calories par portion et 11 grammes de gras.) Une fois cuite, laisser reposer la viande 2 ou 3 minutes.
5. Entre-temps, ajouter 2 cuillerées à soupe d'eau au reste de la marinade et la faire bouillir pendant 1 minute ou jusqu'à ce qu'elle épaississe légèrement.
6. Couper le bœuf en fines tranches. Pour servir, verser la sauce sur les tranches de viande et garnir de tranches d'orange et de coriandre. Servir immédiatement.

Donne 6 portions

< *Granité de litchis*, page 130

Écorce de tangerine

De l'écorce de tangerine de bonne qualité importée de Chine accroîtra la saveur de vos plats. Pour vous en procurer, rendez-vous chez un apothicaire chinois, ce qui vous donnera l'occasion de découvrir tous ses produits exotiques. Notez que bon nombre de ces boutiques offrent les services d'un herboriste. Avis aux amateurs de médecine douce.

Par portion :
270 calories
9 g glucides
35 g protéines
9 g gras
4 g gras saturé
101 mg cholestérol
1 g fibres
354 mg sodium
601 mg potassium
Excellente source de : vitamines B_6 et B_{12}, fer et zinc
Bonne source de : vitamine C, riboflavine et niacine

Porc et flan aux œufs à la vapeur

Les Chinois ne parlent pas de flan, mais plutôt de « gâteau à la viande »; ils le font d'ailleurs cuire au-dessus du riz pour en conserver l'énergie. À mon avis, ce plat tient à la fois du pain de viande et du pâté aux œufs. Succulent sur du riz! Pour en réduire encore la teneur en gras, remplacez les œufs entiers par 4 blancs d'œufs.

Mélange de porc :

250 g	porc maigre émincé	1/2 lb
5 ml	sauce de soja	1 c. à thé
2 ml	huile de sésame	1/2 c. à thé
2 ml	poivre	1/2 c. à thé
5 ml	coriandre finement hachée	1 c. à thé
15 ml	oignon vert finement haché	1 c. à soupe
15 ml	gingembre émincé	1 c. à soupe
7 ml	fécule de maïs	1 1/2 c. à thé

Mélange d'œufs:

2	gros œufs, battus	2
125 ml	bouillon de poulet (p. 3) ou de porc (p. 8)	1/2 tasse
1 ml	sel	1/4 c. à thé
1 ml	huile de canola	1/4 c. à thé
15 ml	oignon vert finement haché	1 c. à soupe
1	branche de coriandre, hachée ou entière, pour garnir	1

1. Dans une assiette relativement profonde qui s'ajuste au panier à vapeur, combiner les ingrédients du premier mélange. Aplatir le mélange dans le fond de l'assiette.

2. Dans un bol, combiner les ingrédients du second mélange.

3. Verser le mélange d'œufs sur la viande et écumer les bulles. Placer l'assiette dans le panier à vapeur et cuire à feu moyen-vif pendant 10 minutes. Éteindre le feu et laisser reposer le flan, couvert, pendant 5 minutes. Garnir de coriandre et servir.

Donne 4 portions

Porc émincé

Mettez le filet de porc au congélateur pendant 1 ou 2 heures afin qu'il gèle légèrement. Coupez-le ensuite en fines tranches, puis hachez-le avec un gros couteau ou un hachoir. Vous obtiendrez une texture plus grossière qu'au robot culinaire, mais les chefs chinois la préfèrent de loin.

Par portion :
128 calories
2 g glucides
16 g protéines
6 g gras
2 g gras saturé
142 mg cholestérol
traces fibres
288 mg sodium
248 mg potassium
Excellente source de : thiamine et vitamine B_{12}
Bonne source de : vitamine B_6, riboflavine, et zinc

Bœuf en sauce aigre-douce

Ce mets se prépare d'autant plus rapidement et facilement que vous faites mariner la viande la veille. La sauce aigre-douce légère ajoute de la saveur aux plats de poulet ou de poisson. Le recours au bouillon de veau n'est pas indispensable bien qu'il rehausse la saveur du bœuf. Le bouillon de poulet reste un bon substitut. Utilisez de la sauce de soja légère avec le poulet et le poisson.

Bœuf et marinade :

375 g	pointe de surlonge, très maigre, coupée en fines tranches	3/4 lb
7 ml	sauce de soja	1 1/2 c. à thé
7 ml	sauce de soja aux champignons	1 1/2 c. à thé
2 ml	poivre	1/2 c. à thé
5 ml	fécule de maïs	1 c. à thé
15 ml	sherry sec	1 c. à soupe

Sauce :

15 ml	sauce Worcestershire	1 c. à soupe
25 ml	ketchup	2 c. à soupe
7 ml	sucre	1 1/2 c. à thé
25 ml	bouillon de veau (p. 7) ou bouillon de poulet (p. 3)	2 c. à soupe
2 ml	huile de sésame	1/2 c. à thé
2 ml	fécule de maïs	1/2 c. à thé

15 ml	huile de canola	1 c. à soupe
1	gros oignon, tranché	1
2	petites tomates, tranchées	2

1. Préparer la marinade et faire macérer la viande pendant au moins 2 heures ou toute la nuit.

2. Combiner les ingrédients pour la sauce et réserver.

3. Dans une poêle antiadhésive, faire chauffer l'huile à feu vif. Ajouter l'oignon et faire revenir pendant 2 minutes ou jusqu'à ce qu'il soit doré. Retirer de la poêle et réserver.

4. Ajouter les tranches de viande et faire revenir pendant 30 secondes de chaque côté. Ajouter les tranches de tomate et remuer pendant environ 1 minute. Ajouter la sauce et porter à ébullition. Cuire jusqu'à ce que la sauce épaississe légèrement. Servir.

Donne 4 portions

Sauce de soja

Parlant de sauce de soja légère ou foncée, on vise la couleur plutôt que la teneur en sel. Cette sauce résulte de la fermentation de fèves de soja rôties et de blé, auxquels la saumure est ensuite ajoutée. La sauce de soja foncée est vieillie plus longtemps et contient de la mélasse, d'où sa couleur et son goût légèrement sucré. Généralement, la sauce de soja foncée est destinée aux viandes rouges et la légère, aux viandes pâles. Les sauces de soja aromatisées, aux champignons par exemple, dégagent une saveur très subtile.

Par portion :
260 calories
12 g glucides
27 g protéines
11 g gras
3 g gras saturé
76 mg cholestérol
1 g fibres
453 mg sodium
624 mg potassium
Excellente source de : vitamine B_{12}, fer et zinc
Bonne source de : riboflavine, niacine et vitamine B_6

Mogwa
Melon velu
(tseet gwa)

On dirait une courgette poilu à la peau vert pâle, mais cette plante s'apparente davantage au melon d'hiver. Vous pouvez enlever les graines si vous le désirez. La chair est délicieuse et se prête à de nombreux usages : des plats sautés aux pot-au-feu et aux potages. Les concombres sont un bon substitut.

Par portion :
183 calories
22 g glucides
16 g protéines
4 g gras
1 g gras saturé
36 mg cholestérol
3 g fibres
357 mg sodium
508 mg potassium
Excellente source de : thiamine
Bonne source de : fibres, niacine, vitamine B_6 et zinc

Mogwa farci au porc

	Un paquet de 60 g (2 oz) de nouilles transparentes	
2	mo qua ou concombres anglais	2

Porc et marinade :

250 g	porc maigre émincé (p. 94)	1/2 lb
1 ml	sel	1/4 c. à thé
15 ml	gingembre émincé	1 c. à soupe
25 ml	coriandre hachée	2 c. à soupe
1	blanc d'œuf, légèrement battu	1
7 ml	fécule de maïs	1 1/2 c. à thé
2 ml	huile de sésame	1/2 c. à thé

Sauce :

15 ml	sauce d'huîtres	1 c. à soupe
250 ml	riche bouillon de porc (p. 8) ou de poulet (p. 3)	1 tasse
5 ml	flocons de piment rouge	1 c. à thé
4	gros champignons shiitake, émincés	4

1. Couvrir les nouilles d'eau chaude et les laisser tremper pendant 10 minutes ou jusqu'à ce qu'elles soient ramollies. Bien égoutter et hacher grossièrement.

2. Peler et couper les mogwa en tranches rondes de 2,5 cm (1 po). Former une cavité au centre de chaque tranche en retirant la pulpe qui contient les graines.

3. Faire la marinade et en recouvrir le porc et la moitié des nouilles. Déposer une cuillerée de ce mélange dans les « cavités » des tranches de mogwa, puis aplatir pour que le mélange couvre toute la tranche. Passer chaque tranche de mogwa farcie dans le reste des nouilles transparentes, côté farci vers le bas, jusqu'à ce qu'elle soit bien enrobée.

4. Chauffer une poêle à feu moyen et ajouter les ingrédients de la sauce. Couvrir les tranches de mogwa et faire braiser pendant 15 minutes, le côté farci vers le haut. Au bout de 5 minutes, découvrir et arroser de sauce. Couvrir et continuer la cuisson pendant 5 minutes, puis arroser de nouveau; ajouter les champignons émincés. Laisser cuire encore 5 minutes.

5. Retirer les tranches de mogwa et les disposer sur une assiette de service. Napper de sauce et servir. Si la sauce est trop claire, l'épaissir après avoir retiré les tranches de mo qua.

Donne 4 portions

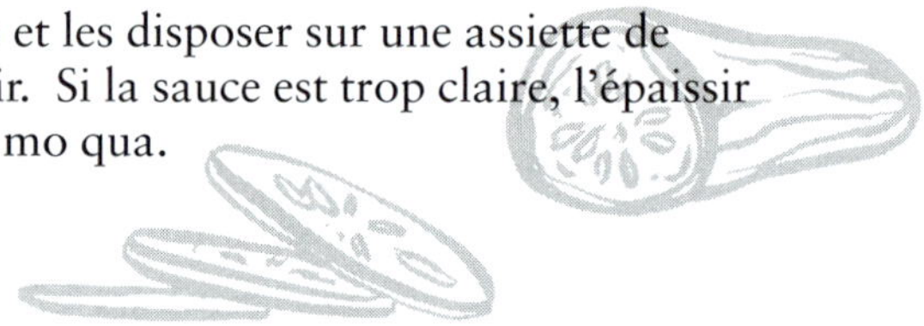

Porc barbecue

Savourez, sans trop de gras et de sel, le porc barbecue des bouchers chinois. La viande, macérée dans son jus après l'avoir fait mijoter, conserve son humidité, surtout quand elle est maigre.

1,5 l	eau	6 tasses
1 kg	longe de porc désossée, coupée dans le sens de la longueur en lanières de 5 cm (2 po)	2 lb

Marinade :

25 ml	sauce de soja	2 c. à soupe
7 ml	fromage de haricots rouges chinois	1 1/2 c. à thé
5	tranches de gingembre	5
2	oignons verts, grossièrement hachés et écrasés	2
4	gousses d'ail, pelées et écrasées	4
25 ml	sherry	2 c. à soupe
45 ml	miel, divisé en 2 parts	3 c. à soupe

1. Chauffer l'eau et les morceaux de porc dans une casserole à feu moyen jusqu'à ce que le mélange commence à bouillir légèrement.

2. Réduire à feu doux, couvrir et laisser mijoter pendant 10 minutes. Éteindre le feu et laisser reposer la viande dans le liquide pendant 10 minutes.

3. Dans un bol en plastique muni d'un couvercle hermétique, combiner tous les ingrédients de la marinade, en réservant 1 c. à soupe de miel. Retirer les morceaux de porc de la poêle, les éponger et les faire macérer dans la marinade au réfrigérateur pendant 4 heures ou toute la nuit.

4. Retirer le porc de la marinade. Dans une casserole, faire réduire celle-ci de moitié à feu vif. Ajouter le miel gardé en réserve. Rouler les morceaux de porc dans la marinade épaissie pour bien les enrober.

5. Allumer le gril de la cuisinière. Installer une grille dans une rôtissoire. Placer les morceaux de porc sur la grille et les faire dorer de chaque côté pendant 3 minutes ou un peu plus. Pendant la cuisson, badigeonner la viande de marinade. (La viande peut aussi être cuite au barbecue à feu vif; dans ce cas, la tourner souvent.)

6. Retirer le porc du four et le laisser reposer pendant 5 minutes. Trancher et servir ou laisser refroidir et utiliser dans d'autres recettes.

Donne 6 portions

Fromage de haricots rouges (nam yu)

Parmi d'autres, le nam yu est un fromage de haricots en conserve que les Chinois mangent nature, utilisent dans des recettes, ou même pour tartiner. Le fromage de haricots rouges rappelle à la fois le miso et un fromage fait. Quoique plus fade, le miso rouge peut s'y substituer. Cependant, acheter du vrai fromage de haricots vaut d'autant plus la peine qu'il se conserve indéfiniment au réfrigérateur.

Par portion :
279 calories
11 g glucides
35 g protéines
10 g gras
4 g gras saturé
98 mg cholestérol
traces fibres
437 mg sodium
471 mg potassium
Excellente source de : vitamines B_6 et B_{12}, thiamine, niacine et zinc
Bonne source de : riboflavine

Roulades à l'agneau et aux poireaux

Comme les vraies crêpes chinoises sont difficiles à confectionner, je les remplace systématiquement par des tortillas à la farine.

Pour bien nettoyer les poireaux, il vaut mieux les couper en fines lanières, les déposer dans une passoire et les rincer abondamment à l'eau froide. Les nettoyer entiers risque de laisser des saletés entre les feuilles.

375 g	**longe d'agneau finement tranchée**	**3/4 lb**
1 ml	**poivre noir**	**1/4 c. à thé**

Sauce :

7 ml	**pâte de haricots pimentée**	**1 1/2 c. à thé**
15 ml	**sauce hoisin**	**1 c. à soupe**
65 ml	**bouillon de poulet (p. 3) ou bouillon de veau (p. 7)**	**3 1/2 c. à soupe**
10 ml	**fécule de maïs**	**2 c. à thé**
15 ml	**huile de canola**	**1 c. à soupe**
1	**gousse d'ail, émincée**	**1**
125 ml	**bouillon de poulet**	**1/2 tasse**
1 l	**poireaux émincés**	**4 tasses**
12	**tortillas à la farine**	**12**

1. Poivrer les tranches d'agneau et réserver.

2. Combiner les ingrédients de la sauce et réserver.

3. Chauffer l'huile à feu moyen-vif dans une grande poêle antiadhésive. Ajouter les tranches d'agneau et les faire revenir de chaque côté jusqu'à ce qu'elles soient à peine à point, environ 45 secondes. Retirer l'agneau.

4. Ajouter l'ail et remuer pendant 30 secondes. Ajouter la sauce et porter à ébullition, diminuer le feu et cuire jusqu'à épaississement. Retirer la sauce et réserver.

5. Verser le bouillon dans la poêle et porter à ébullition. Ajouter les poireaux; cuire jusqu'à ce qu'ils soient tendres et le liquide, absorbé, environ 3 minutes.

6. Ajouter l'agneau et la sauce; cuire jusqu'à ce que le liquide soit presque entièrement absorbé. Transférer sur un plat de service.

7. Pour servir, faire chauffer les tortillas dans une poêle à frire chaude et sèche, jusqu'à ce qu'elles soient légèrement grillées mais encore molles. Laisser les convives confectionner eux-mêmes leurs roulades avec le mélange d'agneau et les tortillas.

Donne 4 portions

Sauce hoisin

Comme d'autres, la sauce hoisin est à base de fèves de soja. Elle contient généralement de l'ail, de la poudre de cinq épices, du sucre, des piments forts et parfois des patates douces. Assaisonnement classique du canard de Pékin, elle rehausse la saveur aussi bien des plats de poulet et de viande que de fruits de mer.

Par portion :
315 calories
27 g glucides
24 g protéines
13 g gras
3 g gras saturé
64 mg cholestérol
4 g fibres
658 mg sodium
360 mg potassium
Excellente source de : vitamine B_{12} et fer
Bonne source de : fibres, niacine et acide folique

Porc et miso aux châtaignes d'eau et pois mange-tout

Voir photo, page 62

Le miso rouge et le mélange des Sept épices japonais agrémentent ce plat d'été haut en couleur. Les châtaignes d'eau lui donnent une saveur sucrée et une texture croustillante.

Porc et marinade :

375 g	longe de porc finement tranchée	3/4 lb
15 ml	bouillon de porc (p. 8) ou bouillon de poulet (p. 3)	1 c. à soupe
1 ml	sel	1/4 c. à thé
2 ml	Sept épices	1/2 c. à thé
15 ml	fécule de maïs	1 c. à soupe

Sauce :

15 ml	pâte de miso rouge	1 c. à soupe
150 ml	bouillon de porc ou de poulet	2/3 tasse
7 ml	sauce de soja	1 1/2 c. à thé
10 ml	fécule de maïs	2 c. à thé

15 ml	huile de canola	1 c. à soupe
3	tranches de gingembre	3
1	carotte, finement tranchée en diagonale	1
50 ml	bouillon de porc ou de poulet	1/4 tasse
250 g	pois mange-tout équeutés et nettoyés	1/2 lb
8-10	châtaignes d'eau, fraîches ou en conserve, pelées et finement tranchées	8-10

1. Faire macérer le porc dans la marinade et réserver.
2. Combiner les ingrédients de la sauce et réserver.
3. Faire chauffer l'huile à feu moyen-vif dans une grande poêle antiadhésive. Ajouter le gingembre et faire revenir pendant 30 secondes. Ajouter le porc; faire revenir pendant 2 minutes. Réduire la chaleur, ajouter la sauce et poursuivre la cuisson pendant 1 minute. Retirer le porc et la sauce de la poêle, et réserver.
4. Dans la même poêle, ajouter les carottes et le bouillon; porter à ébullition. Ajouter les pois mange-tout et les châtaignes d'eau : faire revenir pendant 2 minutes ou jusqu'à ce que les légumes soient à peine tendres.
5. Incorporer le mélange de porc, bien réchauffer. Servir.

Donne 4 portions

Châtaignes d'eau

Notez bien que les châtaignes d'eau fraîches restent incomparables. Si leur préparation demandent du temps, je vous les conseille pour les occasions spéciales. Croustillantes, sucrées et juteuses, je les mangeais autrefois comme des fruits. Choisissez-les brillantes et dures; pelez-les à l'aide d'un couteau bien aiguisé, et faites-les tremper dans de l'eau additionnée de quelques gouttes de jus de citron pour éviter qu'elles brunissent.

Par portion :
210 calories
13 g glucides
21 g protéines
8 g gras
2 g gras saturé
54 mg cholestérol
2 g fibres
391 mg sodium
508 mg potassium
Excellente source de : vitamines A, C, B_6 et B_{12}, thiamine
Bonne source de: vitamine E, riboflavine, niacine, acide folique, fer et zinc

Chou chinois (céleri à feuilles) (heung kun)

Selon les Chinois, le chou chinois rafraîchit et apaise. Proche du céleri feuillu, ses branches sont plus luisantes et d'une saveur plus prononcée. On peut les substituer l'un à l'autre.

Pâte de haricots pimentée

Ingrédient de base des plats épicés sichuanais, cette sauce de haricots fermentés comporte des piments, de l'ail et des fèves qui ajoutent de la texture. Elle est plus ou moins épicée selon les diverses marques. Donc, n'en abusez pas et goûtez souvent!

Par portion :
264 calories
21 g glucides
26 g protéines
9 g gras
3 g gras saturé
38 mg cholestérol
2 g fibres
471 mg sodium
692 mg potassium
Excellente source de : vitamines C, B_6 et B_{12}, riboflavine, calcium et fer
Bonne source de : thiamine

Bœuf et crevettes parfumés au chou chinois et aux litchis

Le croustillant céleri chinois et les litchis sucrés contrastent ici avec la pâte de haricots et le bœuf. Des asperges seraient aussi fort agréables.

Bœuf et marinade :

250 g	**bifteck de bœuf, finement tranché**	**1/2 lb**
15 ml	**sauce d'huîtres**	**1 c. à soupe**
10 ml	**fécule de maïs**	**2 c. à thé**
15 ml	**sherry**	**1 c. à soupe**

7 ml	**huile de canola**	**1 1/2 c. à thé**
7 ml	**pâte de haricots pimentée**	**1 1/2 c. à thé**
10 ml	**gingembre émincé**	**2 c. à thé**
1/2	**oignon moyen, tranché**	**1/2**
250 g	**crevettes géantes décortiquées et nettoyées, 12 à 16**	**1/2 lb**
1 l	**chou chinois ou céleri avec les feuilles, coupé en bouts de 5 cm (2 po)**	**4 tasses**
50 ml	**bouillon de poulet (p. 3)**	**1/2 tasse**
250 ml	**litchis en conserve, coupés en deux, avec 25 ml (2 c. à soupe) de jus**	**1 tasse**

1. Faire macérer le bœuf dans la marinade pendant 20 minutes.

2. Chauffer l'huile à feu vif dans une poêle ou un wok antiadhésifs. Ajouter la pâte de haricots, le gingembre et l'oignon; faire revenir pendant 30 secondes.

3. Ajouter le bœuf; faire revenir en remuant pendant 2 minutes. Tourner seulement une ou deux fois pour faire brunir. Ajouter les crevettes; faire revenir pendant 1 minute ou jusqu'à ce qu'elles commencent à rosir. Retirer le mélange.

4. Dans la même poêle ou wok, ajouter le chou céleri et le bouillon; remuer pendant 30 secondes. Couvrir et laisser cuire pendant 1 minute.

5. Rapatrier le mélange de bœuf et de crevettes, et ajouter le liquide des litchis : remuer jusqu'à ce que la sauce épaississe, environ 1 minute.

6. Retirer du feu. Ajouter les litchis et mélanger délicatement. Servir.

Donne 4 portions

Tofu

Rouleaux de tofu, germes de pois mange-tout et crevettes

Le croustillant de la pâte de tofu et le mœlleux de la farce font toujours un heureux contraste. D'autres mélanges, comme le porc haché aux épinards ou le poulet à la ciboule, sont aussi délicieux.

500 g	tofu mi-ferme	1 lb

Crevettes et marinade :

250 g	crevettes décortiquées, nettoyées et hachées grossièrement	1/2 lb
25 ml	sherry sec	2 c. à soupe
2 ml	sel	1/2 c. à thé
15 ml	sauce de soja	1 c. à soupe
1 ml	poivre blanc	1/4 c. à thé
15 ml	fécule de maïs	1 c. à soupe

5 ml	huile de sésame	1 c. à thé
15 ml	ail émincé	1 c. à soupe
45 ml	gingembre émincé	3 c. à soupe
250 ml	pousses de bambou fraîches ou en conserve, coupées en fines lanières	1 tasse
125 g	germes de pois mange-tout	1/4 lb
2	feuilles de 50 cm (20 po) de pâte de tofu rondes surgelées	2
1	blanc d'œuf, battu	1
15 ml	huile de canola	1 c. à soupe

Tofu
Pâte de tofu (fu jook)

Chambré, le lait de soja, préalablement chauffé, forme une pellicule à la surface, c'est ce qu'on appelle « pâte de tofu ». Surgelée, cette pâte se présente sous la forme de grands rectangles ou rondelles translucides semblables à du papier ciré. Les rondelles conviennent parfaitement à la confection des rouleaux ou dim sums. La pâte de tofu se présente parfois en bâtonnets roulés ou plissés qui se prêtent particulièrement aux soupes et aux sautés.

1. Dans un four de 180 °F/325 °F, chauffer une lèchefrite munie d'une grille de métal.

2. Assécher le tofu, le couper en dés de 1 cm (1/2 po) et réserver.

3. Faire la marinade et laisser macérer les crevettes pendant 10 minutes.

4. Dans une poêle et un wok antiadhésifs, chauffer l'huile de sésame à feu moyen. Ajouter l'ail, le gingembre et les crevettes; faire revenir pendant 1 minute ou jusqu'à ce que les crevettes commencent à devenir opaques. Ajouter les pousses de bambou et faire revenir pendant 30 secondes. Incorporer le tofu et remuer doucement jusqu'à ce que le tofu soit bien chaud, environ 1 minute. Retirer du feu et laisser refroidir.

5. Déposer ce mélange dans un bol et y incorporer doucement les germes de pois mange-tout.

6. Pour confectionner les rouleaux, couper chaque rondelle de pâte en 6 pointes. Déposer environ 25 ml (2 c. à soupe) de farce sur la partie la plus large à environ 2,5 cm (1 po) de la base. Replier la base sur le mélange et rabattre vers le centre en laissant environ 2,5 cm (1 po) de pâte de chaque côté. Rouler vers la pointe pour former un rouleau. Humecter la pointe du rouleau de blanc d'œuf pour la sceller. Répéter pour les autres rouleaux : 12 en tout.

7. Dans une poêle antiadhésive, chauffer l'huile de canola à feu moyen-vif. Faire frire 6 rouleaux jusqu'à ce qu'ils soient croustillants et dorés, environ 1 minute de chaque côté. Réserver. Répéter l'opération.

8. Déposer les rouleaux sur la grille dans le four et cuire pendant 5 minutes. Disposer les rouleaux sur un plat de service, les couper en bouchées à l'aide d'un couteau bien aiguisé et servir immédiatement.

Donne 6 portions

Instructions pour confectionner les rouleaux :

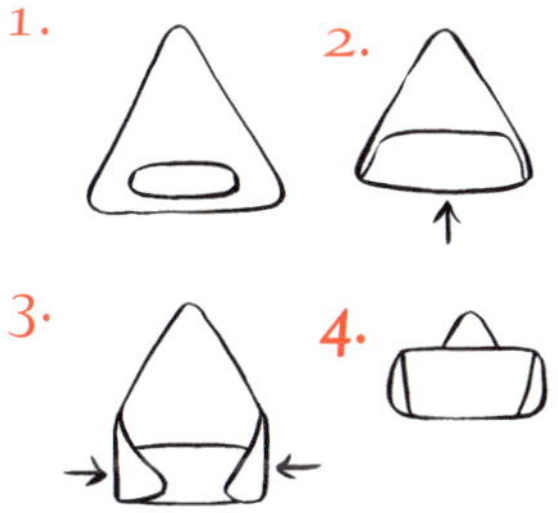

Par portion :
256 calories
13 g glucides
26 g protéines
13 g gras
2 g gras saturé
74 mg cholestérol
2 g fibres
448 mg sodium
406 mg potassium
Excellente source de :
vitamines D, E et B_{12}, fer, acide folique et zinc
Bonne source de :
thiamine et calcium

Sauté de tofu et champignons

Vous pouvez enrober ce sauté dans des feuilles (pâte phyllo) et le servir en guide d'accompagnement lors d'un élégant dîner à l'occidentale.

4	champignons chinois moyens	4
125 ml	eau chaude	1/2 tasse
10 ml	fécule de maïs	2 c. à thé
250 g	tofu pressé, en tranches de 5 mm (1/4 po)	1/2 lb
15 ml	sauce de soja	1 c. à soupe
15 ml	huile de canola	1 c. à soupe
4	gousses d'ail, hachées	4
5 cm	gingembre pelé, coupé en fines lamelles	2 po
1/2	poivron rouge, coupé en dés	1/2
1/2	botte de ciboulette chinoise en fleur, coupée en julienne	1/2
125 g	pleurotes, coupés en bouchées	1/4 lb
250 g	pois mange-tout, lavés et équeutés	1/2 lb
2 ml	poivre blanc	1/2 c. à thé
5 ml	poudre de Cinq Épices	1 c. à thé
1	paquet de 100 g (3,5 oz) de champignons enoki	1
125 ml	germes de soja	1/2 tasse

1. Faire gonfler les champignons séchés dans de l'eau chaude pendant environ 20 minutes. Filtrer le liquide et le réserver; couper les champignons en fines tranches et réserver.
2. Délayer la fécule de maïs et l'eau des champignons refroidie.
3. Faire mariner les tranches de tofu dans la sauce de soja pendant 15 minutes, puis les retirer. Ajouter la sauce de soja à l'eau des champignons épaissie.
4. À feu moyen, faire dorer dans l'huile les tranches de tofu de chaque côté, environ 1 minute. Retirer et réserver.
5. Ajouter dans la poêle les lamelles de champignon, l'ail, le gingembre, le poivron rouge et la ciboule : remuer pendant 1 minute ou jusqu'à ce que le mélange devienne odorant. Incorporer les pleurotes et les pois mange-tout: remuer pendant 1 minute.
6. Incorporer le mélange d'eau des champignons et remuer pendant que la sauce épaissit. Assaisonner de poivre blanc et de poudre de Cinq épices : mélanger.
7. Remettre le tofu dans la poêle : ajouter les champignons enoki et les germes de soja. Remuer pendant 30 secondes et servir.

Donne 4 portions

Le tofu pressé

On obtient du tofu pressé en exprimant son humidité. Cela donne une texture ferme proche de celle de la viande, qui ne se désagrège pas dans les sautés. Il existe du tofu pressé assaisonné ou frit. Évitez ce genre de produits si vous surveillez votre consommation de sel et de gras.

Par portion :
280 calories
31 g glucides
21 g protéines
10 g gras
1 g gras saturé
traces cholestérol
6 g fibres
298 mg sodium
511 mg potassium
Excellente source de : vitamines D et C, fibres, acide folique et fer
Bonne source de : vitamines E et B_6, thiamine

Tofu au porc haché

Plutôt épicé! Si vous n'appréciez pas le piment, utilisez seulement la moitié des flocons de piment. Ce sera un peu moins sichuanais! Accompagnez de riz vapeur chaud.

500 g	tofu mou	1 lb

Sauce :

125 ml	bouillon de porc (p. 8) ou de poulet (p. 3)	1/2 tasse
10 ml	sauce de soja	2 c. à thé
2 ml	huile de sésame	1/2 c. à thé
15 ml	fécule de maïs	1 c. à soupe

15 ml	huile de canola	1 c. à soupe
15 ml	ail émincé	1 c. à soupe
25 ml	oignons verts hachés	2 c. à soupe
15 ml	gingembre émincé	1 c. à soupe
5 ml	flocons de piment fort	1 c. à thé
250 g	porc maigre haché fin	1/2 lb
2 ml	poivre	1/2 c. à thé
15 ml	sherry sec	1 c. à soupe

1. Couper le tofu en dés de 5 mm (1/4 po). Égoutter dans une passoire.

2. Mélanger les ingrédients de la sauce et réserver.

3. Dans une poêle et un wok antiadhésifs, chauffer l'huile à feu vif. Ajouter l'ail, les oignons verts, le gingembre et les flocons de piment fort : faire revenir pendant 30 secondes. Ajouter le porc, faire revenir pendant une minute et assaisonner de poivre et de sherry. Incorporer la sauce et remuer jusqu'à ce qu'elle épaississe.

4. Ajouter le tofu et mélanger doucement. Réduire à feu doux, laisser mijoter pendant 3 minutes et servir.

Donne 4 portions

Par portion :
220 calories
6 g glucides
23 g protéines
12 g gras
2 g gras saturé
40 mg cholestérol
2 g fibres
209 mg sodium
370 mg potassium
Excellente source de : vitamine E, fer et thiamine
Bonne source de : vitamines B_6 et B_{12}, zinc

Koutien de tofu aux crevettes

500 g	tofu mi-ferme, coupé en carrés de 5 cm (2 po) sur 1 cm (1/2 po) d'épaisseur	1 lb
250 g	crevettes crues décortiquées et nettoyées	1/2 lb
2	blancs d'œufs	2
15 ml	sauce de poisson	1 c. à soupe
2 ml	poivre blanc	1/2 c. à thé
7 ml	fécule de maïs	1 1/2 c. à thé
15 ml	coriandre hachée	1 c. à soupe
15 ml	oignons verts hachés	1 c. à soupe
5 ml	gingembre émincé	1 c. à thé
125 ml	bouillon de poulet (p. 3)	1/2 tasse
1	piment rouge, épépiné et finement haché	1
2 ml	huile de sésame	1/2 c. à thé
2 ml	poivre	1/2 c. à thé
15 ml	huile de canola	1 c. à soupe

1. Presser délicatement les tranches de tofu entre des serviettes de papier pour exprimer l'humidité en surface. Laisser sécher.

2. Dans un robot culinaire, mélanger les crevettes, les blancs d'œufs, la sauce de poisson, le poivre blanc et la fécule de maïs jusqu'à l'obtention d'une pâte épaisse. Ajouter un peu de bouillon de poulet au besoin. Incorporer la coriandre, les oignons verts et le gingembre: mélanger à nouveau. Réserver.

3. Ajouter le piment haché et l'huile de sésame au reste du bouillon.

4. Étaler le poivre sur une grande assiette. Y déposer les tranches de tofu et les laisser s'imprégner.

5. Étendre une cuillerée de pâte de crevettes sur chaque carré de tofu, en appuyant légèrement pour la faire adhérer.

6. Chauffer une grande poêle antiadhésive à feu vif. Ajouter l'huile de canola et chauffer jusqu'à ce qu'elle commence à fumer. Ajouter les morceaux de tofu préparé et les faire frire pendant 1 minute. Vérifier si le dessous commence à dorer.

7. Verser le bouillon de poulet également sur les morceaux de tofu et couvrir. Cuire pendant environ 3 minutes, jusqu'à ce que le liquide soit presque entièrement évaporé.

8. Découvrir et poursuivre la cuisson jusqu'à ce que le liquide soit évaporé (les morceaux de tofu doivent glisser facilement dans la poêle). Déposer délicatement les tranches de tofu sur une assiette de service, garnir de feuilles de coriandre au goût. Servir.

Donne 4 portions

Par portion :
197 calories
4 g glucides
24 g protéines
10 g gras
1 g gras saturé
113 mg cholestérol
2 g fibres
503 mg sodium
309 mg potassium
Excellente source de :
vitamines E, D et B_{12}, fer
Bonne source de :
zinc

Tofu aux noix et racine de lotus

Les noix (boutons) de lotus comptent parmi les principaux assaisonnements de la cuisine bouddhiste dépourvue d'oignon et d'ail. Personnellement, je triche quelquefois en ajoutant de l'ail ou de la sauce Satay. Pour un vrai retour aux sources, ne faites pas comme moi.

50 ml	noix de lotus séchées	1/4 tasse
50 ml	champignons « oreille-de-nuage » ou champignons chinois séchés	1/4 tasse
15 cm	racine de lotus fraîche	6 po
375 g	tofu pressé	3/4 lb

Sauce :

7 ml	sauce de soja	1 1/2 c. à thé
2 ml	sauce Satay	1/2 c. à thé
2 ml	huile de sésame	1/2 c. à thé
15 ml	bouillon de légumes à la chinoise (p. 5)	1 c. à soupe
10 ml	fécule de maïs	2 c. à thé

7 ml	huile de canola	1 1/2 c. à thé
5 ml	ail émincé	1 c. à thé
15 ml	gingembre émincé	1 c. à soupe
125 ml	bouillon de légumes à la chinoise (p. 5)	1/2 tasse
1	oignon vert, haché	1

1. Faire tremper les noix de lotus séparément dans de l'eau chaude pendant 20 minutes. Égoutter. Nettoyer les champignons et les couper en bouchées.

2. Couper la racine de lotus et le tofu en tranches de 5 mm (1/4 po). Réserver.

3. Combiner les ingrédients pour la sauce et réserver.

4. Chauffer l'huile dans une poêle à feu moyen-vif. Ajouter l'ail, le gingembre et la racine de lotus : faire revenir pendant une minute. Ajouter le bouillon et porter à ébullition. Couvrir et laisser braiser pendant 10 minutes.

5. Ajouter les noix de lotus, les champignons et le tofu : remuer pendant 1 minute. Incorporer l'oignon vert et la sauce. Mélanger, puis poursuivre la cuisson pendant 1 minute. Une fois la sauce épaissie, servir.

Donne 4 portions

La racine de lotus

Cultivée partout en Asie, la magnifique fleur de lotus symbolise la pureté et revêt par là une valeur religieuse. Dans l'art culinaire, on en retrouve aussi bien les graines que les feuilles et les racines. Proche du goût de l'artichaut, la racine présente une texture croquante et farineuse. En plus d'enjoliver leurs sautés de ses ravissantes tranches de racine perforées, les Chinois en introduisent dans les ragoûts et les soupes; ils en font même des bonbons à l'occasion du nouvel An.

Par portion :
273 calories
35 g glucides
18 g protéines
12 g gras
1 g gras saturé
0 mg cholestérol
7 g fibres
436 mg sodium
994 mg potassium
Excellente source de : vitamines D et C, fer, zinc, fibres, riboflavine calcium et acide folique
Bonne source de : thiamine et niacine, vitamine B_6

Tofu braisé au porc barbecue

Chez nous, ce repas est un classique des soirs de semaine. À défaut de porc barbecue maison, vous pouvez en acheter sachant toutefois qu'il sera plus salé et plus gras. Rien ne vous empêche d'ailleurs de lui substituer des légumes accompagnés de riz nature.

8	**champignons chinois séchés, réhydratés et coupés en fines tranches**	**8**
15 ml	**fécule de maïs**	**1 c. à soupe**
25 ml	**bouillon de poulet (p. 3) ou eau**	**2 c. à soupe**
15 ml	**huile de canola**	**1 c. à soupe**
5	**tranches de gingembre**	**5**
3	**oignons verts, coupés en huit morceaux**	**3**
10 ml	**ail émincé**	**2 c. à thé**
375 g	**porc barbecue (p. 97)**	**3/4 lb**
15 ml	**sauce d'huîtres**	**1 c. à soupe**
15 ml	**sauce de soja**	**1 c. à soupe**
175 ml	**bouillon de porc (p. 8) ou de poulet**	**3/4 tasse**
2 ml	**poivre ou goût**	**1/2 c. à thé**
500 g	**tofu mou coupé en tranches de 2,5 cm sur 1 cm (1 po sur 1/2 po).**	**1 lb**

1. Pendant que les champignons trempent, combiner la fécule de maïs et les 25 ml (2 c. à soupe) de bouillon de poulet. Réserver.

2. Dans un wok, chauffer l'huile à feu moyen-vif. Ajouter le gingembre, les oignons verts, l'ail et les champignons: faire revenir jusqu'à ce qu'ils soient odorants, environ 1 minute. Ajouter les tranches de porc et faire revenir pendant environ une minute. Ajouter la sauce d'huîtres, la sauce de soja et le bouillon. Réduire à feu moyen. Bien mélanger, couvrir et laisser braiser pendant 2 minutes. Assaisonner de poivre au goût. Ajouter le mélange de fécule de maïs.

3. Incorporer délicatement le tofu dans le mélange. Couvrir et faire braiser le tofu pour qu'il absorbe les saveurs, pendant 2 minutes en remuant à l'occasion. Servir dans un grand plat ou, individuellement, sur des portions de riz vapeur.

Donne 4 portions

Par portion :
319 calories
19 g glucides
31 g protéines
15 g gras
3 g gras saturé
56 mg cholestérol
3 g fibres
684 mg sodium
603 mg potassium
Excellente source de : vitamine D, thiamine et fer
Bonne source de : vitamines B_6 et B_{12}, fibres, riboflavine et acide folique

Ragoût aux trois haricots et tofu frit au cari

Voir la photo, page 91.

Tofu :

250 g	tofu mi-ferme coupé en tranches de 1 cm sur 2,5 cm (1/2 po sur 1 po)	1/2 lb
10 ml	poudre de cari	2 c. à thé
0,5 ml	sel	1/8 c. à thé
7 ml	huile de canola	1 1/2 c. à thé

Ragoût de haricots :

50 ml	oignons finement hachés	1/4 tasse
250 ml	haricots Pinto trempés (voir ci-dessous)	1 tasse
250 g	haricots verts ou jaunes coupés en trois	1/2 lb
375 ml	gourganes surgelées	1 1/2 tasse
125 ml	bouillon de légumes (p. 4)	1/2 tasse

Sauce :

15 ml	sauce d'huîtres	1 c. à soupe
5 ml	fécule de maïs	1 c. a thé
25 ml	bouillon de légumes	2 c. à soupe
	Une pincée de poivre noir	
1	rose de tomate (garniture facultative)	1
5 ml	coriandre hachée (garniture facultative)	1 c. à thé

1. Faire tremper 125 ml (1/2 tasse) de haricots dans 500 ml (2 tasses) d'eau pendant la nuit. Dans une casserole, porter à ébullition l'eau et les haricots. Cuire pendant 15 minutes. Égoutter et réserver.
2. Mélanger la poudre de cari et le sel.
3. Dans une poêle antiadhésive, chauffer l'huile à feu vif. Passer les morceaux de tofu dans le mélange de cari et de sel. Les faire dorer 1 minute de chaque côté. Retirer de la poêle et garder chauds.
4. Dans la même poêle, ajouter tous les ingrédients du ragoût, mélanger, couvrir et cuire à feu moyen-vif pendant 5 minutes ou jusqu'à ce que les haricots verts soient tendres. Ajouter la sauce et faire épaissir en remuant (environ 1 minute). Assaisonner de poivre.
5. Transférer le ragoût de haricots sur un plat de service. Faire un espace au centre où disposer les tranches de tofu en éventail. Garnir de la rose de tomate et de coriandre.

Donne 4 portions

Les bienfaits des haricots

Les haricots secs sont une excellente source de fibres solubles. Les haricots en conserve demandent d'être rincés pour réduire l'apport en sel.

Par portion :
248 calories
37 g glucides
16 g protéines
6 g gras
1 g gras saturé
0 mg cholestérol
12 g fibres
248 mg sodium
726 mg potassium
Excellente source de : vitamine E, fibres, acide folique et fer
Bonne source de : thiamine, riboflavine et calcium, vitamine B_6

Rouleaux végétariens à la vapeur

125 ml	champignons chinois séchés	1/2 tasse
125 ml	eau chaude	1/2 tasse
Farce :		
7 ml	huile de canola	1 1/2 c. à thé
5 ml	ail émincé	1 c. à thé
10 ml	gingembre émincé	2 c. à thé
250 ml	pousses de bambou, fraîches ou en conserve, coupées en julienne	1 tasse
250 ml	ciboulette chinoise verte ou jaune, coupée en julienne	1 tasse
250 ml	carottes pelées, coupées en julienne de 5 cm (2 po)	1 tasse
1	paquet de 60 g (2 oz) de nouilles transparentes, ramollies	1
15 ml	sauce de soja	1 c. à soupe
25 ml	mirin ou sherry moyen	2 c. à soupe
50 ml	eau des champignons	1/4 tasse
750 ml	épinards hachés	3 tasses
6	feuilles rectangulaires de pâte tofu, surgelées	6
5 ml	huile de sésame	1 c. à thé
5 ml	pâte de haricots pimentée	1 c. à thé

1. Faire tremper les champignons dans 125 ml (1/2 tasse) d'eau chaude pendant 20 minutes. Filtrer l'eau et réserver. Couper les champignons.

2. Chauffer un wok à feu moyen-vif et ajouter l'huile. Faire revenir l'ail, les champignons, les pousses de bambou, la ciboulette chinoise et les carottes pendant 2 minutes.

3. En leur faisant de la place, ajouter les nouilles transparentes, la sauce de soja, le mirin et l'eau des champignons. Faire revenir pendant 1 minute. Ajouter les épinards et remuer jusqu'à l'absorption du liquide, environ 1 minute. Retirer le mélange et laisser légèrement refroidir.

4. Chauffer un panier à vapeur à feu vif. Badigeonner une assiette d'huile de sésame et mêler le reste à la pâte de haricots.

5. Déposer 50 ml du mélange sur la moitié inférieure d'une feuille de pâte de tofu. Rouler la pâte et rabattre les côtés pour former un rouleau. Déposer le rouleau sur une assiette.

6. Déposer l'assiette de rouleaux dans le panier à vapeur et cuire pendant 5 minutes. Une fois les rouleaux cuits et pendant qu'ils sont chauds, les badigeonner des deux côtés d'huile de sésame et de pâte de haricots pimentée. Servir chauds ou froids. Couper en 5 ou 6 morceaux.

Donne 6 portions

Les nouilles transparentes ou « cellophane » Nouilles aux haricots

Ces nouilles à base de farine de haricots mung et d'eau ont été séchées. Il convient donc de les faire tremper préalablement dans l'eau froide pendant 5 minutes. Elles donnent aux plats une texture inhabituelle, mais très agréable.

Par portion :
250 calories
26 g glucides
17 g protéines
11 g gras
2 g gras saturé
0 mg cholestérol
3 g fibres
267 mg sodium
553 mg potassium
Excellente source de : vitamines A et D

Gai lon à la sauce d'huîtres

Découvrez ce merveilleux légume à la riche saveur de noisette mêlée d'un soupçon d'amertume. Cuit légèrement, il garde une texture croquante irrésistible. On peut lui substituer le brocoli italien (rapini) ou ordinaire.

500 g	**gai lon ou brocoli**	**1 lb**
750 ml	**bouillon de poulet (p. 3) ou de légumes (p. 4)**	**3 tasses**
2 ml	**sucre**	**$^1/_2$ c. à thé**
2	**tranches de gingembre frais**	**2**
5 ml	**huile de sésame**	**1 c. à thé**
15 ml	**sauce d'huîtres**	**1 c. à soupe**

1. Enlever la base des tiges de gai lon et couper les parties trop épaisses en deux dans le sens de la longueur, puis en morceaux de 8 cm (3 po).

2. Dans un wok, porter à ébullition à feu vif le bouillon, le sucre et le gingembre. Ajouter le gai lon et cuire à découvert pendant environ 2 minutes ou jusqu'à ce qu'il soit à peine tendre.

3. Mélanger le gai lon, l'huile de sésame et la sauce d'huîtres. Disposer sur un plat et servir immédiatement.

Donne 4 portions

Gai lon (brocoli chinois)

Les tiges ternes et cireuses du gai lon, de même que ses feuilles deviennent d'un très beau vert en cuisant. Recherchez les tiges dont le diamètre équivaut plus ou moins à celui d'un crayon, longues de quelque 15 à 20 cm (6 à 8 po) et couronnées de fleurs blanches et de boutons. Les tiges tachetées de blanc sont trop mûres et trop coriaces.

Par portion :
48 calories
5 g glucides
3 g protéines
3 g gras
traces gras saturé
0 mg cholestérol
2 g fibres
187 mg sodium
265 mg potassium
Excellente source de :
vitamine C
Bonne source de :
acide folique

Feuilles de moutarde sautées à l'ail

Le gai choy, l'un des légumes les plus anciens de la Chine, est un pur délice. Frais, le gai choy entre dans plusieurs marinades aigres-douces, parfumées ou pimentées, selon la région.

500 g	**feuilles de moutarde, lavées et nettoyées**	**1 lb**
15 ml	**huile de canola**	**1 c. à soupe**
2	**tranches de gingembre frais**	**2**
15 ml	**ail émincé**	**1 c. à soupe**
125 ml	**bouillon de porc (p. 8) ou de poulet (p. 3)**	**1/2 tasse**

1. Couper les queues des feuilles de moutarde en morceaux de 2,5 cm (1 po).

2. Dans un wok, chauffer l'huile à feu vif. Ajouter le gingembre et les queues des feuilles de moutarde : remuer pour les enduire d'huile. Ajouter l'ail et le bouillon : mélanger.

3. Couvrir et cuire à la vapeur pendant 2 minutes en remuant une ou deux fois. Ajouter les feuilles de moutarde et bien mélanger. Couvrir et poursuivre la cuisson à la vapeur pendant 1 minute ou jusqu'à ce que les feuilles soient à peine tendres.

4. Découvrir et remuer jusqu'à ce que le liquide soit presque complètement évaporé, environ 1 minute. Enlever le gingembre. Servir.

Donne 4 portions

Gai choy (feuilles de moutarde)

Parmi de nombreuses plantes semblables, le gai choy dégage une subtile saveur de moutarde. À maturité, certaines grandes feuilles sont plus fibreuses et doivent être enlevées. Braisées, les queues des feuilles sont merveilleusement tendres et juteuses. On trouve souvent du jeune gai choy aux tiges fines et aux feuilles découpées. D'un goût moins prononcé, il se prépare de la même façon, mais doit cuire plus rapidement. Il se mange aussi en salade, comme de la laitue romaine.

Par portion :
65 calories
7 g glucides
3 g protéines
4 g gras
traces gras saturé
0 mg cholestérol
2 g fibres
29 mg sodium
422 mg potassium
Excellente source de : vitamines A et C, acide folique
Bonne source de : vitamine E

Cubes d'ignames à l'ail

En Chine, on sert souvent des amuse-gueule pour ouvrir l'appétit. Ce plat n'est pas vraiment traditionnel, mais revêt une délicate saveur sucrée qui me rappelle les patates douces rôties des marchands ambulants à Hong Kong.

4	**ignames moyennes**	**4**
20 ml	**sauce de soja**	**4 c. à thé**
45 ml	**bouillon de légumes à la chinoise (p. 5)**	**3 c. à soupe**
45 ml	**sucre**	**3 c. à soupe**
15 ml	**huile de sésame**	**1 c. à soupe**
45 ml	**eau**	**3 c. à soupe**
15 ml	**ail émincé**	**1 c. à soupe**
1 ml	**poivre**	**1/4 c. à thé**

1. Peler et couper les ignames en dés de 1 cm (1/2 po). Rincer et bien égoutter.

2. Dans une casserole moyenne, bien mélanger la sauce de soja, le bouillon, le sucre, l'huile de sésame, l'eau et l'ail. Ajouter les ignames et porter à ébullition.

3. Réduire à feu moyen. Couvrir et laisser mijoter environ 10 minutes ou jusqu'à ce que les ignames soient à peine tendres. Remuer de temps en temps. Si nécessaire, ajouter de l'eau pour empêcher la sauce de coller.

4. Découvrir et porter à ébullition à feu vif. Faire cuire en remuant constamment jusqu'à ce que le liquide soit absorbé et les ignames caramélisées, environ 5 minutes. Assaisonner de poivre noir. Servir chaud ou froid.

Donne 5 portions

Par portion :
245 calories
53 g glucides
4 g protéines
3 g gras
traces gras saturé
0 mg cholestérol
6 g fibres
293 mg sodium
648 mg potassium
Excellente source de : vitamines A et C, fibres
Bonne source de : vitamine B_6, riboflavine et acide folique

Épinards aux graines de sésame

La simplicité n'a jamais eu meilleur goût. Ce plat d'épinards est toujours délicieux pour accompagner du canard rôti, du bœuf grillé ou des aliments barbecue.

1 l	**eau**	**4 tasses**
1 kg	**feuilles d'épinards, lavées et nettoyées**	**2 lb**
15 ml	**huile de sésame**	**1 c. à soupe**
1 ml	**sel**	**1/4 c. à thé**
15 ml	**graines de sésame grillées**	**1 c. à soupe**

1. Dans une casserole moyenne, porter l'eau à ébullition : faire blanchir les épinards pendant 1 minute ou jusqu'à ce que les feuilles commencent à flétrir. Égoutter et rincer abondamment à l'eau froide. Bien égoutter, puis essorer les épinards dans une serviette propre et sèche.

2. Déposer les épinards dans un bol moyen et les assaisonner avec l'huile de sésame et le sel. Mélanger.

3. Saupoudrer de graines de sésame pour garnir. Servir

Donne 4 portions

Par portion :
93 calories
9 g glucides
7 g protéines
5 g gras
1 g gras saturé
0 mg cholestérol
6 g fibres
312 mg sodium
1 276 mg potassium
Excellente source de : vitamines A, E et C, riboflavine, acide folique, fibres et fer
Bonne source de : calcium

Champignons marinés à l'orientale

Servez ces champignons comme tels à titre de marinade, ou avec des cubes de patates douces à l'ail, ou avec des épinards aux graines de sésame, ou encore pour accompagner un repas de plusieurs convives. Les champignons de Paris, charnus, sont les plus indiqués pour cette recette.

1,25 l	**champignons de Paris, entiers**	**5 tasses**
15 ml	**huile d'olive**	**1 c. à soupe**
50 ml	**bouillon de légumes (p. 4) ou de légumes à la chinoise (p. 5)**	**1/4 tasse**
50 ml	**vinaigre de vin blanc**	**1/4 tasse**
20 ml	**sauce de soja**	**4 c. à thé**
50 ml	**ail émincé**	**1/4 tasse**
50 ml	**oignon vert haché**	**1/4 tasse**

1. Dans une casserole moyenne, combiner tous les ingrédients, sauf l'oignon vert : porter à ébullition.

2. Réduire à feu moyen et cuire pendant 15 minutes ou jusqu'à ce que le liquide soit presque absorbé. Remuer de temps en temps.

3. Retirer du feu et laisser refroidir. Ajouter l'oignon vert, mélanger et servir.

Donne 5 portions

Par portion :
59 calories
7 g glucides
3 g protéines
3 g gras
traces gras saturé
0 mg cholestérol
1 g fibres
313 mg sodium
322 mg potassium
Excellente source de :
vitamine D
Bonne source de :
riboflavine

Salade épicée aux concombres

Voici une marinade rapide qui ajoutera un peu de piquant à un repas simple. Idéale pour les beignets au poulet à la vapeur (p. 38) ou les roulades à l'agneau et aux poireaux (p. 98), pour le dîner ou pour garnir un plat, par exemple le bœuf épicé à la tangerine (p. 93).

7 ml	**sucre**	**1 1/2 c. à thé**
2 ml	**sel**	**1/2 c. à thé**
2 ml	**flocons de piment fort**	**1/2 c. à thé**
5 ml	**ail émincé**	**1 c. à thé**
15 ml	**vinaigre de vin blanc**	**1 c. à soupe**
15 ml	**oignon vert haché (facultatif)**	**1 c. à soupe**
1	**concombre anglais, finement tranché**	**1**
15 ml	**graines de sésame grillées**	**1 c. à soupe**

1. Combiner le sucre, le sel, les flocons de piment fort, l'ail, le vinaigre et l'oignon vert : bien mélanger.

2. Ajouter le concombre tranché et bien l'enrober. Laisser reposer au réfrigérateur pendant 20 minutes.

3. Juste avant de servir, saupoudrer de graines de sésame.

Donne 5 portions

Par portion :
24 calories
4 g glucides
1 g protéines
1 g gras
0 g gras saturé
0 mg cholestérol
1 g fibres
215 mg sodium
106 mg potassium

Sui Choy
chou chinois
(wong nga bak)

Originaire du nord de la Chine, ce légume se vend presque partout. Braisé ou dans les soupes, il dégage une délicieuse saveur sucrée.
En raison de sa taille et de ses feuilles compactes, ce chou se conserve jusqu'à deux semaines au réfrigérateur. Jetez les feuilles flétries ou séchées. Le chou de Savoie peut être un substitut.

Par portion :
75 calories
8 g glucides
4 g protéines
4 g gras
traces gras saturé
1 mg cholestérol
2 g fibres
260 mg sodium
475 mg potassium
Excellente source de :
vitamines A et C,
acide folique
Bonne source de :
calcium, vitamine B_6

Sui choy en sauce à la crème

Voici la version d'un plat qui orne la table d'un banquet. Dans la recette originale, la sauce à la crème comporte des cubes de jambon. Nous avons carrément renoncé au jambon et substitué à la crème du lait écrémé en poudre. Excellent résultat!

750 g	**Sui choy ou chou de Savoie**	**1 1/2 lb**
250 ml	**bouillon de porc (p. 8) ou de poulet (p. 3), divisé en 2 parts**	**1 tasse**
45 ml	**lait écrémé en poudre**	**3 c. à soupe**
15 ml	**fécule de maïs**	**1 c. à soupe**
15 ml	**huile de canola**	**1 c. à soupe**
1 ml	**sel**	**1/4 c. à thé**
2 ml	**sucre**	**1/2 c. à thé**
2 ml	**sept épices ou poivre blanc**	**1/2 c. à thé**

1. Laver et couper les feuilles en tranches de 3,5 cm (1 1/2 po).

2. Délayer le lait en poudre et la fécule de maïs dans 50 ml (1/4 tasse) de bouillon; battre jusqu'à ce que le mélange soit lisse. Réserver.

3. Chauffer l'huile à feu moyen dans une poêle ou un wok. Faire revenir le chou pendant environ 1 minute. Ajouter le sel, le sucre et le reste du bouillon. Mélanger et porter à ébullition. Couvrir et laisser cuire pendant 3 minutes ou jusqu'à ce que le chou soit tendre.

4. Ajouter le mélange de fécule de maïs et chauffer jusqu'à épaississement. Saupoudrer de sept épices ou de poivre blanc et servir.

Donne 4 portions

Aubergines à la sichuanaise

La recette originale comprend du porc haché, mais nous en faisons ici un plat végétarien. Rien ne vous empêche toutefois de le rehausser de bouillon de crevettes (p. 6).

2	champignons chinois séchés, réhydratés et finement hachés	2
4	aubergines chinoises ou japonaises moyennes	4

Sauce :

5 ml	sauce de soja	1 c. à thé
10 ml	vinaigre noir chinois ou vinaigre balsamique	2 c. à thé
5 ml	sucre brun	1 c. à thé
2 ml	huile de sésame	1/2 c. à thé
125 ml	bouillon de légumes (p. 4)	1/2 tasse

Pour épaissir :

25 ml	bouillon de légumes ou de légumes à la chinoise (p. 5)	2 c. à soupe
10 ml	fécule de maïs	2 c. à thé

15 ml	huile de canola	1 c. à soupe
5 ml	ail émincé	1 c. à thé
7 ml	gingembre émincé	1 1/2 c. à thé
25 ml	oignon haché	2 c. à soupe
10 ml	pâte de haricots pimentée	2 c. à thé
125 ml	champignons frais finement hachés	1/2 tasse
25 ml	oignon vert haché	2 c. à soupe

1. Pendant que les champignons se réhydratent, enlever les tiges des aubergines et les couper en cubes d'environ 2,5 cm (1 po). Faire cuire à la vapeur pendant 10 minutes, retirer et réserver.

2. Combiner les ingrédients de la sauce et réserver. Délayer la fécule dans le bouillon et réserver.

3. Faire chauffer l'huile dans une poêle ou un wok antiadhésifs. Ajouter l'ail, le gingembre et l'oignon : faire revenir pendant 15 secondes. Ajouter la pâte de haricots pimentée, les champignons frais et les champignons réhydratés : cuire pendant 1 minute. Ajouter les aubergines cuites à la vapeur et la sauce: porter à ébullition; poursuivre la cuisson pendant 1 minute.

4. Ajouter la fécule délayée et remuer jusqu'à ce que la sauce ait épaissi. Retirer du feu, garnir d'oignon vert. Bien mélanger et servir.

Donne 5 portions

Aubergines chinoises
Aubergines japonaises

Cette version allongée de l'aubergine est également d'un violet plus pâle. Ces aubergines comptent moins de graines et leur pelure est moins amère, ce qui évite de les faire dégorger avant la cuisson. De conservation moins facile que les aubergines ordinaires, choisissez-les bien fermes et charnues. Utilisez-les dans les deux jours qui suivent l'achat.

Par portion :
119 calories
20 g glucides
3 g protéines
4 g gras
traces gras saturé
0 mg cholestérol
6 g fibres
236 mg sodium
617 mg potassium
Excellente source de :
fibres
Bonne source de :
vitamine D,
acide folique

Germes de pois mange-tout aux pleurotes

Sauce :

175 ml	**bouillon de porc (p. 8) ou de poulet (p. 3)**	**3/4 tasse**
10 ml	**fécule de maïs**	**2 c. à thé**
15 ml	**sauce de poisson**	**1 c. à soupe**
15 ml	**huile de canola**	**1 c. à soupe**
250 g	**pleurotes**	**1/2 lb**
15 ml	**ail émincé**	**1 c. à soupe**
50 ml	**bouillon de porc ou de poulet**	**1/4 tasse**
2 ml	**sept épices ou poivre blanc**	**1/2 c. à thé**
250 g	**germes de pois mange-tout**	**1/2 lb**

1. Mélanger les ingrédients de la sauce et réserver.

2. Dans un wok, chauffer l'huile à feu moyen-vif. Ajouter les pleurotes et l'ail; faire revenir pendant 2 minutes ou jusqu'à ce que les champignons ramollissent. Ajouter un peu d'eau ou de bouillon pour mouiller les champignons si nécessaire. Assaisonner de sept épices. Retirer les champignons et les garder chauds.

3. Verser la sauce dans le wok et porter à ébullition. Ajouter les germes de pois mange-tout et remuer pour bien les enduire de sauce. Cuire pendant environ 1 minute ou jusqu'à ce que les germes de pois mange-tout soient à peine flétris et que la sauce ait légèrement épaissi.

4. Dans un plat de service, garnir les germes de pois mange-tout de champignons et servir immédiatement.

Donne 5 portions

Germes de pois mange-tout

À défaut d'en trouver, utilisez des pousses de pois mange-tout, disponibles un peu partout. Les germes comme les pousses dégagent une fraîche saveur de noisette et cuisent rapidement. Crus, dans les salades, ils ont une très agréable saveur de pois mange-tout. Comme ils se conservent plus difficilement une fois rincés, rangez-les secs, puis faites-les tremper dans de l'eau glacée avant de les faire cuire.

Par portion :
175 calories
27 g glucides
11 g protéines
4 g gras
traces gras saturé
2 mg cholestérol
4 g fibres
303 mg sodium
202 mg potassium
Excellente source de :
acide folique
Bonne source de :
fibres et fer

Sandwichs à l'aubergine et aux pois chiches

J'ai grandi en profitant du meilleur de l'univers oriental et de l'univers occidental. Ma cuisine s'inspire de l'un et de l'autre et je ne saurais m'excuser de cet emprunt à la cuisine méditerranéenne.

25 ml	**vinaigre balsamique**	**2 c. à soupe**
10 ml	**sucre**	**2 c. à thé**
2	**aubergines, coupées en tranches de 1 cm (1/2 po)**	**2**
15 ml	**huile d'olive**	**1 c. à soupe**
	Une boîte de 540 ml (19 oz) de pois chiches, rincés et égouttés	
10 ml	**gingembre émincé**	**2 c. à thé**
50 ml	**oignon vert haché**	**1/4 tasse**
10 ml	**ail émincé**	**2 c. à thé**
1 ml	**sel**	**1/4 c. à thé**
3	**tomates moyennes, pelées, épépinées et réduites en purée**	**3**
25 ml	**coriandre finement hachée**	**2 c. à soupe**
1 ml	**sucre**	**1/4 c. à thé**
1 ml	**poivre blanc**	**1/4 c. à thé**

1. Mélanger le vinaigre et le sucre; badigeonner les tranches d'aubergine.
2. Chauffer une poêle antiadhésive à feu vif et ajouter l'huile d'olive; faire revenir les tranches d'aubergine pendant environ 2 minutes de chaque côté. Retirer les tranches de la poêle et les disposer sur un papier absorbant.
3. À l'aide d'un robot culinaire, réduire les pois chiches en une pâte épaisse. Si nécessaire, ajouter quelques gouttes d'eau.
4. Cuire à feu vif le gingembre, l'oignon vert et l'ail dans 25 ml (2 c. à soupe) d'eau pendant environ 1 minute. Ajouter le sel et mélanger. Ajouter la pâte de pois chiches, mélanger et chauffer le tout.
5. Tartiner une épaisse couche de purée de pois chiches sur une tranche d'aubergine et la recouvrir d'une autre et ainsi de suite. À l'aide d'un couteau bien aiguisé, couper chaque sandwich en deux. Disposer sur un plat de service et garder chaud.
6. Dans une casserole, réchauffer la purée de tomate à feu doux en évitant de la laisser bouillir. Ajouter la coriandre et assaisonner avec le sucre et le poivre. Verser la sauce autour des sandwichs et servir.

Donne 4 portions.

Pois chiches

Membre de la famille des légumineuses, les pois chiches constituent une excellente source de protéines qui, contrairement à la viande, la volaille et les produits laitiers, contiennent peu de gras et de gras saturé, pas de cholestérol et beaucoup de fibres solubles.

Par portion :
251 calories
49 g glucides
10 g protéines
6 g gras
1 g gras saturé
0 mg cholestérol
14 g fibres
341 mg sodium
1122 mg potassium
Excellente source de : fibres et acide folique
Bonne source de : vitamines C et B_6, fer et thiamine

Salade de chou à la chinoise

Voilà une salade rafraîchissante. Si vous avez de la difficulté à vous procurer du chou jicama, remplacez-le par du chou râpé.

Vinaigrette :

15 ml	sucre, ou au goût	1 c. à soupe
15 ml	sauce de poisson	1 c. à soupe
45 ml	jus de lime frais	3 c. à soupe
15 ml	vinaigre de cidre	1 c. à soupe
7 ml	flocons d'oignon (facultatif)	1 1/2 c. à thé
7 ml	flocons d'ail (facultatif)	1 1/2 c. à thé

Salade :

500 ml	chou jicama coupé en julienne ou râpé	2 tasses
250 ml	concombre coupé en julienne	1 tasse
250 ml	carottes coupées en julienne	1 tasse
50 ml	menthe fraîche hachée	1/4 tasse
50 ml	coriandre hachée	1/4 tasse

1. Faire la vinaigrette et la laisser reposer pendant 10 minutes.

2. Dans une poêle sèche, faire dorer les flocons d'oignon et d'ail à feu moyen-doux. Réserver.

3. Dans un grand bol, mélanger la vinaigrette et tous les ingrédients de la salade, sauf les flocons d'ail et d'oignon.

4. Disposer la salade sur une assiette de service et saupoudrer de flocons d'ail et d'oignon. Servir avec des viandes grillées ou rôties, ou comme accompagnement.

Donne 4 portions

Racine de jicama (Sha got)

Originaire des tropiques américains, cette racine est en vogue actuellement. Surtout appréciée pour sa teneur élevée en amidon et semblable à la fécule de maïs, la racine de jicama est généralement disponible dans les supermarchés et dans les épiceries chinoises. D'une saveur agréable, sa texture croustillante résiste à la cuisson. Enlevez la peau brune avant de l'utiliser.

Par portion :
90 calories
19 g glucides
4 g protéines
traces de gras
traces de gras saturé
3 mg cholestérol
5 g fibres
394 mg sodium
280 mg potassium
Excellente source de :
vitamine A, fer
Bonne source de :
vitamines C et B_{12}, fibres

Épinards d'eau et sauce de crevettes

On peut substituer à la sauce de crevettes un cube de fromage de haricots rouges fermentés auquel il suffit de mêler le sherry. Vous pouvez aussi utiliser du miso rouge. À défaut de la sauce de crevettes, utilisez le même volume d'anchois ou de pâte d'anchois. À l'inverse, dans les recettes qui font appel aux anchois, on peut leur substituer la sauce de crevettes, par exemple la vinaigrette de la salade César.

Sauce :

10 ml	**fécule de maïs**	**2 c. à thé**
125 ml	**bouillon de légumes à la chinoise (p. 5) ou de poulet (p. 3)**	**$\frac{1}{2}$ tasse**
500 g	**épinards d'eau ou ordinaires**	**1 lb**
7 ml	**huile de canola**	**$1\frac{1}{2}$ c. à thé**
7 ml	**ail émincé**	**$1\frac{1}{2}$ c. à thé**
15 ml	**gingembre émincé**	**1 c. à soupe**
7 ml	**sauce de crevettes**	**$1\frac{1}{2}$ c. à thé**
25 ml	**sherry**	**2 c. à soupe**

1. Combiner les ingrédients de la sauce et réserver.

2. Laver et nettoyer les épinards d'eau. Couper en morceaux de 5 cm (2 po).

3. Chauffer l'huile à feu vif dans un wok. Ajouter l'ail, le gingembre, la sauce de crevettes et le sherry : faire revenir en remuant pendant 30 secondes.

4. Ajouter les épinards et faire revenir pendant 1 minute. Couvrir et cuire pendant 2 minutes en remuant de temps en temps.

5. Ajouter la sauce, bien mélanger et cuire jusqu'à ce que la sauce ait épaissi. Servir immédiatement.

Donne 4 portions

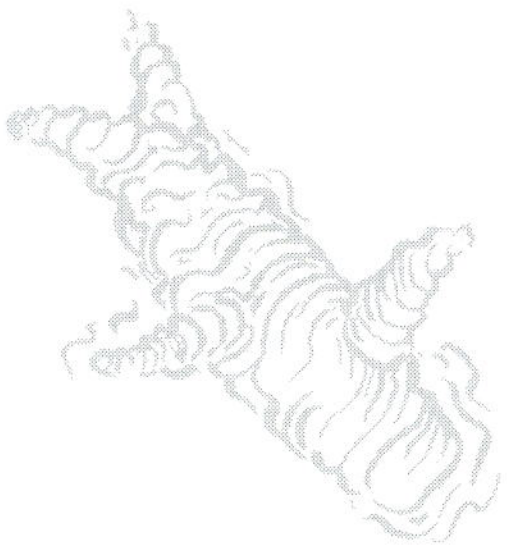

Épinards d'eau (Ong choy)

Bien que ces épinards se cuisent et se mangent comme des épinards ordinaires, ils proviennent des marais et leurs longues tiges creuses portent des feuilles vert pâle en pointe. Bien que plus croustillants et plus subtilement parfumés que les épinards ordinaires, ceux-ci peuvent servir de substituts.

Par portion :
51 calories
4 g glucides
4 g protéines
2 g gras
traces gras saturé
3 mg cholestérol
2 g fibres
203 mg sodium
493 mg potassium
Excellente source de :
vitamines A, E et C,
acide folique
Bonne source de :
fer

Daikon et chayote braisés

Daikon et chayote prennent un goût sucré lorsqu'ils sont braisés. Ici, leur saveur est rehaussée par des crevettes séchées et du jambon. Le mo qua et le melon d'hiver peuvent remplacer les chayotes. Délicieux dans ce plat, on peut ajouter des brocolis 5 minutes avant la fin de la cuisson.

Pour une version végétarienne, remplacez les crevettes séchées et le jambon par des champignons chinois de bonne qualité et ajoutez 15 ml (1 c. à soupe) de miso rouge. Utilisez un mélange de bouillon de légumes et l'eau des champignons en guise d'élément liquide.

Pour faire de ce plat un repas complet, ajoutez du poulet, du bœuf ou du porc. Des légumineuses et des haricots cuits le rendront encore plus consistant. Pour amalgamer les saveurs, ajoutez ceux-ci environ 5 minutes avant que les légumes braisés ne soient cuits.

15 cm	**daikon, pelé et coupé en deux dans le sens de la longueur, ou navet**	**6 po**
1	**chayote, coupée en deux dans le sens de la longueur, épépinée et pelée, ou zucchini**	**1**
1	**carotte, pelée**	**1**

Pour épaissir :

10 ml	**fécule de maïs**	**2 c. à thé**
25 ml	**eau**	**2 c. à soupe**

7 ml	**huile de canola**	**1 1/2 c. à thé**
15 ml	**gingembre émincé**	**1 c. à soupe**
10 ml	**ail émincé**	**2 c. à thé**
1	**échalote, finement hachée**	**1**
15 ml	**crevettes séchées**	**1 c. à soupe**
7 ml	**jambon chinois ou prosciutto**	**1 1/2 c. à thé**
8	**champignons, coupés en deux**	**8**
250 ml	**bouillon de porc (p. 8) ou de crevettes (p. 6)**	**1 tasse**
15 ml	**sauce de soja**	**1 c. à soupe**
2	**oignons verts, tranchés**	**2**

1. Couper daikon, chayote et carotte en morceaux de 5 cm (1/2 po).

2. Délayer la fécule dans l'eau et réserver.

3. Dans une grande poêle ou un wok antiadhésifs, chauffer l'huile à feu moyen-vif. Ajouter le gingembre, l'ail, l'échalote, les crevettes séchées, le jambon et les champignons : remuer jusqu'à ce que le mélange devienne odorant, environ 1 minute. Ajouter tous les autres ingrédients, sauf les oignons verts et la fécule délayée : mélanger. Couvrir et laisser mijoter pendant 15 à 20 minutes, en brassant de temps en temps. Vérifier si les légumes sont tendres. Le daikon devient translucide lorsqu'il est cuit.

4. Ajouter les oignons verts. Incorporer la fécule délayée et porter à ébullition. Servir lorsque la sauce est légèrement épaissie.

Donne 4 portions

Par portion :
80 calories
14 g glucides
3 g protéines
2 g gras
traces gras saturé
3 mg cholestérol
4 g fibres
305 mg sodium
514 mg potassium
Excellente source de :
vitamines A et C
Bonne source de :
fibres et acide folique

Choux de Bruxelles sautés

Cette façon d'apprêter les choux de Bruxelles semble courante dans les grands restaurants de San Francisco. Voilà un autre plat de légumes simple rehaussé, à la chinoise, d'une touche d'ail. Je lui donne plus de consistance en ajoutant du tofu pressé.

15 ml	**margarine molle**	**1 c. à soupe**
500 g	**choux de Bruxelles finement tranchés**	**1 lb**
2	**morceaux de tofu pressé, coupé en julienne**	**2**
10 ml	**ail émincé**	**2 c. à thé**
175 ml	**bouillon de poulet (p. 3) ou de porc (p. 8)**	**3/4 tasse**
2 ml	**sel**	**1/2 c. à thé**
	Poivre noir au goût	

1. Chauffer une grande poêle ou un wok antiadhésifs à feu moyen-vif. Ajouter la margarine et chauffer jusqu'à ce qu'elle commence à écumer. Ajouter les choux de Bruxelles, le tofu et l'ail : remuer pour mélanger pendant 30 secondes.

2. Ajouter le bouillon et assaisonner de sel et de poivre. Remuer et porter à ébullition. Couvrir et cuire pendant 2 minutes : les choux de Bruxelles doivent être légèrement flétris mais encore croustillants. Découvrir et poursuivre la cuisson jusqu'à ce que le liquide soit presque complètement absorbé. Servir.

Donne 6 portions

Par portion :
104 calories
8 g glucides
9 g protéines
5 g gras
1 g gras saturé
0 mg cholestérol
4 g fibres
216 mg sodium
354 mg potassium
Excellente source de : vitamine C, acide folique et fer
Bonne source de : fibres, vitamine E

Desserts

Potage à la papaye et aux dattes rouges

Les Chinois apprécient les soupes à titre de desserts : des soupes aux nids d'hirondelle typiques des banquets à la toute simple soupe de haricots rouges (azuki) au menu de presque tous les restaurants. Chaudes ou froides, on dit qu'elles facilitent la digestion. Des fruits frais, comme des oranges ou du melon, succèdent aux soupes pour terminer le repas. À mon avis, cela change agréablement des desserts au chocolat, mais ma femme n'est pas d'accord.

12	**tranches de gingembre**	**12**
1,5 l	**eau**	**6 tasses**
30	**dattes rouges chinoises ou 15 figues séchées**	**30**
125 ml	**miel**	**1/2 tasse**
2	**papayes mûres**	**2**

1. Dans une casserole, combiner les 4 premiers ingrédients, couvrir et porter à ébullition. Réduire la chaleur et laisser mijoter, couvert, pendant 1 heure ou jusqu'à ce que les dattes aient ramolli.

2. Entre-temps, trancher les papayes en deux et enlever les graines. À l'aide d'une cuiller faire de petites boules de papayes ou coupez la papaye en dés. Ajouter le jus au potage en train de mijoter.

3. Retirer la casserole du feu et enlever les tranches de gingembre. Pour qu'il soit plus clair, filtrer la soupe dans une passoire tapissée de coton à fromage quitte à remettre les dattes rouges dans le bouillon. Ajouter les boules de papaye. Servir chaud ou froid. À noter : les dattes ont des noyaux!

Donne 8 portions

Par portion :
112 calories
29 g glucides
1 g protéines
traces gras
traces gras saturé
0 mg cholestérol
2 g fibres
4 mg sodium
271 mg potassium
Excellente source de :
vitamine C

Pouding aux mangues fraîches

Rien ne vaut ce dessert pour mettre en valeur le parfum exquis des mangues. Sa texture est soyeuse et riche, et son goût incomparable. Pour les besoins de notre cause, le lait concentré remplace ici la crème fraîche, mais cela n'altère aucunement le goût.

2	**enveloppes de gélatine nature**	**2**
175 ml	**sucre**	**$^3/_4$ tasse**
250 ml	**eau chaude**	**1 tasse**
750 ml	**mangues fraîches en purée**	**3 tasses**
250 ml	**lait concentré 2 % m.g.**	**1 tasse**
8	**glaçons**	**8**
	Quartiers de lime (facultatif)	
	Tranches de mangues fraîches pour garnir (facultatif)	

1. Ajouter la gélatine et le sucre dans l'eau chaude et mélanger jusqu'à ce qu'ils se dissolvent dans l'eau.

2. Dans un grand bol, mélanger la purée de mangues, le lait concentré et les glaçons.

3. Verser le mélange de gélatine dans le mélange de mangues et remuer jusqu'à ce que les glaçons aient fondu.

4. Verser le mélange dans des moules à aspic et réfrigérer pendant au moins 3 heures.

5. Pour servir, tremper brièvement les moules dans de l'eau chaude et les retourner sur un plat de service. Arroser de quelques gouttes de jus de lime, garnir de tranches de mangues si désiré et servir. (Ce dessert est meilleur le jour même.)

Donne 8 portions

Par portion :
208 calories
49 g glucides
5 g protéines
1 g gras
traces gras saturé
3 mg cholestérol
4 g fibres
42 mg sodium
345 mg potassium
Excellente source de :
vitamines A et C
Bonne source de :
fibres et vitamine E

Granité de litchis

Voir photo, page 92

Ce dessert tout simple a remporté les honneurs lors d'une de nos sessions de dégustation. Les litchis en conserve ont la même saveur que les frais et présentent l'avantage d'être prêts à utiliser. Appliquez la même recette avec d'autres fruits exotiques disponibles, par exemple des jaques et des mangoustans. La vodka ajoute une touche agréable, mais rien n'y oblige.

2	**boîtes de 540 ml (19 oz) de litchis dénoyautés**	**2**
45 ml	**vodka (facultatif)**	**3 c. à soupe**
	Jus de lime, au goût	
2	**kiwis, pelés et tranchés (facultatif)**	**2**
4-6	**fraises**	**4-6**

1. Dans un mélangeur ou un robot culinaire, liquéfier les litchis dans leur jus.

2. Ajouter la vodka et bien mélanger. Goûter et assaisonner de jus de lime au goût.

3. Verser le mélange dans un récipient peu profond en verre ou en plastique, couvrir et mettre au congélateur. Vérifier au bout de 2 heures : lorsque le mélange commence à geler, le remuer avec une fourchette pour ne pas le laisser geler complètement. Brasser de temps en temps et laisser au congélateur jusqu'à ce que le mélange ait la consistance d'un sorbet. Si une machine à glace est utilisée, suivre les instructions du fabricant pour confectionner des sorbets.

4. Environ une demi-heure avant de servir, retirer le granité de litchis du congélateur et la laisser ramollir légèrement au réfrigérateur ou dans un endroit frais. Bien mélanger et servir dans des bols à sorbet. Garnir de tranches de kiwis et de fraises.

Donne 4 portions ou plus

Par portion :
108 calories
19 g glucides
1 g protéines
traces gras
0 g gras saturé
0 mg cholestérol
1 g fibres
3 mg sodium
186 mg potassium
Excellente source de :
vitamine C

Mini-tartelettes à la crème renversée

Vous pouvez utiliser des croûtes à tartelettes surgelées, mais sachez que chaque portion sera beaucoup plus riche en gras : de 8 à 12 grammes. Notre recette, en revanche, n'en contient que 3 grammes.

Croûte à tartelettes sucrée

500 g	farine à pâtisserie	1 lb
125 g	sucre	1/2 tasse
	une pincée de sel	
75 ml	poudre à pâte	1/3 tasse
250 g	fromage ricotta partiellement écrémé	1/2 lb
90 ml	lait écrémé	5 c. à soupe
2	blancs d'œufs	2
15 ml	extrait de vanille	1 c. à soupe
50 ml	beurre en dés	1/4 tasse

1. Préchauffer le four à 180 °C/350 °F.
2. Mélanger les 5 premiers ingrédients dans un robot culinaire. Ajouter les 5 derniers ingrédients et mélanger au robot jusqu'à ce que la pâte forme une boule collante.
3. Rouler la pâte en fines feuilles sur une surface enfarinée. Couper en cercles de 12,5 cm (5 po), déposer les croûtes à tartelettes dans des moules à muffins. Placer les moules au centre du four et cuire les croûtes à tartelettes pendant 3 à 5 minutes ou jusqu'à ce qu'elles soient légèrement dorées. Ajouter la garniture et cuire selon les instructions.

Garniture :

6	œufs	6
375 ml	lait concentré à 2 % m.g.	1 1/2 tasse
250 ml	sucre	1 tasse
5 ml	extrait de vanille	1 c. à thé

1. Préchauffer le four à 180 °C/350 °F.
2. Battre ensemble tous les ingrédients pour la garniture.
3. Verser soigneusement la garniture dans les tartelettes précuites. Les remplir aux deux tiers. Faire cuire au centre du four pendant environ 20 minutes. Les piquer au centre avec un cure-dents. S'il ressort sec, les tartelettes sont cuites. Servir chaud ou à la température ambiante.

Donne 24 tartelettes

Par portion :
178 calories
30 g glucides
6 g protéines
4 g gras
2 g gras saturé
61 mg cholestérol
1 g fibres
323 mg sodium
84 mg potassium
Bonne source de :
riboflavine et calcium

Poires et figues pochées

Choisissez des poires qui ne sont pas tout à fait mûres. Vous pouvez utiliser les poires chinoises rondes et brunes dont la texture croquante rappelle la pomme, mais, dans ce cas, réduisez le temps de cuisson et surveillez attentivement, car elles cuisent plus vite que les poires Bartlett.

1 l	**eau**	**4 tasses**
1	**bâtonnet de cannelle**	**1**
3	**poires Bartlett, pelées, cœur enlevé et coupées en deux**	**3**
12	**figues séchées, lavées et coupées en deux**	**12**
12	**amandes chinoises ou 5 ml (1 c. à thé) d'extrait d'amande (facultatif)**	**12**
75 ml	**miel, ou au goût**	**1/3 tasse**
6	**branches de menthe pour garnir**	**6**

1. Dans une casserole autre qu'en aluminium, combiner tous les ingrédients et porter à ébullition.

2. Réduire à feu doux et laisser mijoter pendant 30 à 45 minutes ou jusqu'à ce que les poires soient tendres lorsqu'on les pique avec une fourchette.

3. Ajouter du miel au goût. Disposer dans des bols individuels, garnir de branches de menthe et servir chaud ou glacé.

Donne 6 portions

Par portion :
223 calories
57 g glucides
2 g protéines
1 g gras
traces gras saturé
0 mg cholestérol
5 g fibres
5 mg sodium
353 mg potassium
Bonne source de :
vitamine E, fibres

Compote de fruits et kumquat au tofu

Le tofu utilisé pour les desserts est très léger, mou et contient beaucoup d'eau. Ce tofu frais puisé à la louche dans un grand sceau de bois et arrosé d'un simple sirop demeure l'un des plus beaux souvenirs gustatifs de mon enfance. Dans les supermarchés, le tofu à desserts, sucré ou à l'amande, se présente dans le même emballage que le tofu ferme ou mou. Cette compote peut aussi bien se servir avec du yogourt écrémé à la vanille.

250 ml	**pruneaux dénoyautés et rincés, bien tassés**	**1 tasse**
250 ml	**abricots séchés et rincés, bien tassés**	**1 tasse**
500 ml	**eau**	**2 tasses**
4	**morceaux de gingembre confit, tranchés**	**4**
6	**kumquats, finement tranchés ou 25 ml (2 c. à soupe) d'écorce d'orange confite**	**6**
125 ml	**jus d'orange**	**1/2 tasse**
25-45 ml	**miel, ou au goût**	**2-3 c. à soupe**
750 g	**tofu à dessert**	**1 1/2 lb**

1. Faire tremper les pruneaux et les abricots dans l'eau toute la nuit.

2. Verser l'eau et les fruits dans une casserole autre qu'en aluminium, ajouter le gingembre et porter à ébullition à feu moyen. Laisser mijoter, en remuant, pendant 10 minutes ou jusqu'à ce que les fruits soient tendres. Retirer du feu et laisser refroidir.

3. Retirer les fruits du liquide et égoutter. Réserver le liquide dans la casserole.

4. Ajouter le jus d'orange et le miel au liquide et porter à ébullition.

5. Réduire à feu doux, ajoutez les kumquats tranchés et laisser mijoter pendant 5 minutes ou jusqu'à ce qu'ils soient tendres. Retirer du feu, ajouter les fruits pochés et remuer doucement. Goûter et ajouter du miel au goût (comme le tofu a un effet diluant, le mélange doit être relativement sucré).

6. Égoutter le tofu pour enlever l'excès d'eau et le mettre dans un grand bol ou dans des bols individuels.

7. Pour servir ce dessert chaud, chauffer le tofu au four à micro-ondes ou dans le panier à vapeur pendant 3 minutes et napper de compote de fruits. Pour le servir froid ou le préparer d'avance, réfrigérer la compote de fruits toute la nuit et servir avec le tofu.

Donne 4 portions

Par portion :
361 calories
84 g glucides
6 g protéines
2 g gras
traces gras saturé
0 mg cholestérol
7 g fibres
47 mg sodium
849 mg potassium
Excellente source de : vitamines A, E et C, fibres et fer
Bonne source de : vitamine B_6, thiamine, et acide folique

Crème à la mandarine parfumée au gingembre

Cette version orientale de la crème caramel est plus légère, car elle comporte plus de blancs d'œufs que de jaunes. Ce dessert fournit plus de calcium que 250 ml (8 oz) de lait.

Caramel à la mandarine :

	Une boîte de 213 ml (7 1/2 oz) de mandarines	
75 ml	**sucre**	**1/3 tasse**

Crème :

1 l	**lait concentré à 2 % m.g.**	**4 tasses**
6	**tranches de gingembre, écrasées**	**6**
5 ml	**extrait de vanille**	**1 c. à thé**
4	**gros œufs**	**4**
8	**blancs d'œufs**	**8**
250 ml	**sucre**	**1 tasse**

1. Préchauffer le four à 150 °C/300 °F.

2. Dans un robot culinaire ou un mélangeur, réduire les mandarines et leur jus en purée. Filtrer pour enlever la pulpe.

3. Dans une petite casserole, faire bouillir le sucre et le jus de mandarine jusqu'à ce que le liquide commence à caraméliser et prenne la consistance d'un sirop épais. Diviser et verser le sirop de mandarine dans 8 ramequins. Bien refroidir.

4. Dans une casserole, combiner le lait, les tranches de gingembre et la vanille : porter presque à ébullition à feu moyen. Retirer du feu et laisser reposer pendant 10 minutes. Filtrer et jeter les tranches de gingembre.

5. Entre-temps, combiner les œufs, les blancs d'œuf et le sucre : battre jusqu'à ce que le sucre soit dissous.

6. Verser un filet constant de lait dans le mélange d'œufs tout en remuant. Écumer les bulles à la surface. Verser délicatement la crème sur le sirop que contiennent les ramequins. Placer ceux-ci dans une rôtissoire profonde contenant de l'eau jusqu'à mi-hauteur des ramequins. Couvrir la rôtissoire de papier d'aluminium et cuire au four de 1 à 1 1/2 heure ou jusqu'à ce qu'un cure-dents piqué dans la crème en ressorte sec.

7. Retirer les ramequins de la rôtissoire et les réfrigérer toute la nuit ou jusqu'à ce qu'ils soient froids.

8. Pour servir, passer un couteau autour de la crème. Couvrir le ramequin d'une assiette à dessert et le retourner. Garnir de tranches de mandarine.

Donne 8 portions

Par portion :
295 calories
52 g glucides
16 g protéines
3 g gras
1 g gras saturé
111 mg cholestérol
traces fibres
235 mg sodium
549 mg potassium
Excellente source de : vitamines D et B_{12}, calcium et riboflavine
Bonne source de : zinc

Index